本专著是全国教育科学规划教育部重点课题《人类命运共同体视域下我国高等职业院校"技能共享＋文化互鉴"境外办学模式研究》(课题批准号：DDZ200435) 的研究成果。

本专著是全国教育科学规划教育部重点课题《人类命运共同体视域下我国高等职业院校"技能共享+文化互鉴"境外办学模式研究》（课题批准号：DDZ200435）的研究成果。

人类命运共同体视域下
我国高等职业院校境外办学模式研究

李惠翔　　著

天津社会科学院出版社

图书在版编目（CIP）数据

人类命运共同体视域下我国高等职业院校境外办学模式研究 / 李惠翔著. -- 天津 ： 天津社会科学院出版社，2021.8

ISBN 978-7-5563-0739-5

Ⅰ．①人… Ⅱ．①李… Ⅲ．①高等职业教育－国际合作－办学模式－研究－中国 Ⅳ．①G718.5

中国版本图书馆 CIP 数据核字 (2021) 第 130379 号

人类命运共同体视域下我国高等职业院校境外办学模式研究
RENLEI MINGYUN GONGTONGTI SHIYU XIA WOGUO GAODENG
ZHIYE YUANXIAO JINGWAI BANXUE MOSHI YANJIU

出版发行： 天津社会科学院出版社
地　　址： 天津市南开区迎水道 7 号
邮　　编： 300191
电话/传真： （022）23360165（总编室）
　　　　　　（022）23075303（发行科）
网　　址： www.tass-tj.org.cn
印　　刷： 高教社（天津）印务有限公司

开　　本： 787×1092　毫米　　　1/16
印　　张： 12
字　　数： 155 千字
版　　次： 2021 年 8 月第 1 版　　2021 年 8 月第 1 次印刷
定　　价： 68.00 元

前　言

人类历史是世界人民交流互鉴、共赢发展的文明史。2000多年前，中国开辟了通向西域的"丝绸之路"，将欧、亚、非三大洲联通在一起，促进了中外经济、政治、文化的交流与互通，推动了东西方的繁荣与发展，实现了人类文明的共同进步。今天，世界正经历着百年未有之大变局。全球经济衰退加剧，"逆全球化"思潮暗流涌动，某些国家"甩锅""退群"时有发生，新冠肺炎疫情依旧肆虐……人类该走向何方？世界该怎么办？中国方案是构建人类命运共同体，实现共赢共享。

构建人类命运共同体思想是"建设持久和平、普遍安全、共同繁荣、开放包容、清洁美丽的世界"。党的十九大报告对其核心内涵给予了明确表述。如何构建人类命运共同体？作为中国职业教育者，要自觉服务"一带一路"倡议，要主动加强与各国职教领域的互鉴、互容、互通，要通过境外办学为国外青年创业就业提供机会,构建职业教育命运共同体。

全国职业教育大会隆重召开,标志着我国职业教育事业开启了新征程。习近平总书记从党和国家工作全局的高度,深刻阐明了发展职业教育的重大意义,认为职业教育"前途广阔、大有可为"。回望走过的40年,我国职业教育者励精图治,在"引进来"中实现了中国职业教育资源的优化与提升,"走出去"将是新时期我国职业教育对外开放工作的重大任务。

当前,我国高职院校秉承"互鉴、互容、互通"的国际合作理念开展境外办学,积极促进中外人文交流和民心相通。以"鲁班工坊"为代表的境外办学项目正在与世界分享中国优质职业教育资源。作为摩洛哥"鲁班工坊"项目的直接参与者,本人经过多年的实践和沉淀,提出了构建"技能共享 + 文化互鉴"境外办学模式的构想,并因此获批教育部重点课题。

这本书以全新视角系统构建了我国职业教育境外办学的新模式、新思路。希望本书能够为我国职业院校开展境外办学提供一定的参考与借鉴,也希望各位专家学者提出宝贵意见。

谨此。

作　者

2021 年 7 月

摘　要

2011 年《中国的和平发展》白皮书首次提出以"命运共同体"的新视角寻求人类共同利益和共同价值。2018 年"推动构建人类命运共同体"正式写入我国宪法,标志着由习近平总书记提出的这一伟大构想已成为全体中国人民广泛遵循并为之奋斗的共同愿景。人类命运共同体(a Community of Shared Future for Mankind)旨在追求本国利益时兼顾他国合理关切,在谋求本国发展中促进各国共同发展。高职院校境外办学是职业教育国际化的重要内容,是与各国分享中国职业教育优质资源和创新成果,对于服务"一带一路"倡议、促进中外人文交流、培养知华友华力量、提升我国职教自信具有重要意义。高职院校境外办学强调各方利益相关者追求共同利益才能实现共同发展,这与"合作共赢、共建共享"的人类命运共同体理念高度契合。

2020年6月《教育部等八部门关于加快和扩大新时代教育对外开放的意见》正式发布，并将"加大中外合作办学改革力度，改进高校境外办学"摆到了突出位置。《意见》为我国职业教育国际化工作指明了方向，也表明了我国在新冠肺炎疫情影响及复杂多变的国际环境下，继续坚持教育对外开放的决心。推进我国职业教育境外办学工作又好又快发展，主动加强与各国职教领域的互鉴互容互通，既是新时期我国职业教育对外开放工作的重大任务，也是构建职业教育对外开放共同体的生动实践。

本书系统论述了人类命运共同体和职业教育国际化的关系，立足我国高等职业院校境外办学现状及问题分析，通过梳理总结发达国家境外办学发展历史和主要运行模式，为深入研究我国境外办学模式提供借鉴。同时，立足我国国情，从人类命运共同体视角探索我国高职院校境外办学实现教育教学资源共享、技能共享以及实现文化互鉴、多样文明和谐共生的有效路径；尝试在现有境外办学模式的基础上，融入"文化互鉴"的内容，实现"技能共享＋文化互鉴"的境外办学模式，为我国高等职业院校境外办学提供建设性意见和参考。

目　录

目 录

第一章　人类命运共同体与职业教育国际化

一、人类命运共同体核心意蕴及其时代意义

人类命运共同体理念具有深厚的历史渊源。世界各国的众多思想家在不同时期都曾认真思索过人类命运该如何发展这一问题。他们对过往人类历史进行了充分总结,对当时人类的命运进行过深刻思考,对未来世界的发展进行过大胆而精准的预测,其中马克思提出的自由人联合体学说就蕴含着人类的共同体精神。人类命运共同体理念是当代的马克思主义。

人类命运共同体理念反映了当前的时代精神,展现了在经济全球化背景下,人们即使来自不同国家的和地区,但仍旧处于一种相互依存、命运与共的状态,人类是休戚与共的"地球村"

居民。在同一区域环境下,人们通过彼此协同构建工作和生活中的命运共同体,以实现各自更好的生存和发展。这种区域环境下的共同发展,从原始的氏族、部落,到后来的民族、国家,随着人类文明的发展和进步得以不断充实和完善。总体上讲,人类命运共同体理念强调在追求本国利益的同时要兼顾他国的合理关切,在谋求自身发展的同时要关注世界的共同发展。

2011 年,《中国的和平发展》白皮书第一次提出以"命运共同体"的新视角寻求人类共同利益和共同价值。2018 年,"推动构建人类命运共同体"正式写入我国宪法,标志着由习近平总书记提出的构建人类命运共同体伟大构想已经成为全体中国人民广泛遵循并为之奋斗的共同愿景。2020 年 9 月 21 日,习近平主席出席联合国成立 75 周年大会,他呼吁世界各国携手构建人类命运共同体。这是习主席继出席联合国 70 周年成立大会后,第二次向世界发出打造人类命运共同体的号召。在新时代背景下,人类命运共同体正在成为世界人民的共同期盼。

(一)人类命运共同体的核心意蕴

人类命运共同体理念是全球价值观,包括国际权力观、共同利益观、可持续发展观和全球治理观。这体现了中国对世界和平发展的担当,是中国对国际治理和人类前途的深邃思考。人类命运共同体理念确立了以共同合作、相互分享、可持续发展为目标的价值取向,内在包含了人与自然、人与人、人与社会之间的和谐共生式发展。人类命运共同体的理念所倡导的新型世界秩序就是建立在平等、包容和团结的原则基础上,达成公平治理能够推行、民主协商得以实现的目的,最终实现世界的永久和平与普遍安全。人类生存于同一个地球,人类的利益在本质上是一致的。人与人在沟通与交流中挖掘共性,达成彼此认同的价值理念。"和平、发展、公平、正义、民主、自由"这些都是世界人民普遍认同的价值理念,也恰是人类命运共同体理念遵循的人类共同价值。

1. 人类命运共同体理念蕴含新发展观

人类社会的发展离不开发展观念的改变,人类的发展一定是共同的发展、互动的发展、合作的发展、双赢的发展。相对稳定的自然环境和人类活动空间保证了人类的生存和可持续发展。发展是当今世界的主旋律,人类生存的空间不断拓展,已经延伸到了国际社会的每一个角落。面对全球的共同威胁与挑战,任何人都不能独善其身。因此,我们要从更大的时空范围内考虑人与人、人与自然之间的关系。人类命运共同体理念倡导以人的全面发展为中心,而人的全面发展不仅包括了人与自然的和谐发展,还包括了人与人、人与社会的和谐发展、共同发展。构建人类命运共同体打开了人类社会发展的新思路,人类在逐渐改变与世界相处的模式。人类命运共同体理念告诉我们,不能再通过征服大自然或者侵占别人的利益来实现自己的需求,人类要团结一致共同拿出人类家园的生存法则,实现持续发展。

作为新的发展观,人类命运共同体理念是超越某一国家、某一民族或者某一地区的利益,从关乎全球和人类社会的整体利益出发,构建全球性的可持续发展准则。这样的共同体既能保障共同体内部所有社会成员的生存利益,又能满足人类共同的需要。在实现的过程中,参与者要达成共识,需要认可某些共同的价值、意义和目标,例如认可所有社会成员的生命权利。人类社会及其环境是一个整体相关的系统,其内在各个因素间紧密相连。人与自然的关系,人与人的关系以及人与社会的关系都直接影响到人类社会的发展。只有坚持合作共赢、共同发挥能力创造未来,人类社会才能得到更好的发展,才能建设一个持久和平共荣的世界。

2. 人类命运共同体理念蕴含新世界秩序观

习近平总书记指出,当今世界正处在大发展大变革大调整时期。2020 年初,一场突如其来的新冠病毒肺炎疫情在全球迅速蔓延。新冠肺炎疫情全球大流行的同时,保护主义、单边主义和霸凌行径抬头,新冷战思维、经济危机暗流涌动,各类全球性问题更加突出,影响人类社会存续发展的不稳定因素剧增。隔阂和摩擦时有发生,世界各国的和平与稳定正在面临严峻挑战。世界迫切需要构建持久和平的秩序,国家之间需要构建平等相待、互商互谅的伙伴关系。秩序稳定是我们保障个体生存与发展的基础和前提。

人类命运共同体理念在全球化的时代背景下,从人类社会整体发展的高度提出了世界秩序观。各国之间要重视彼此的核心利益和重大关切,管控分歧,努力构建不冲突、不对抗、相互尊重合作共赢的新型国际关系。如何构建人类命运共同体并维护全球秩序,对整个世界而言都是一个崭新的课题,它是当前经济全球化迅速演变发展的大历史背景下的必然结果。今日世界,大国对小国不能搞强权、不能强买强卖,更不能置世界法制和联合国宪章而不顾,采用武力手段干涉他国内政。这一切产生的根源就是不公平的世界秩序所造成的各个国家和地区之间经济、社会发展的不平衡。与西方帝国主张的以自我为中心的普遍论完全不同,人类命运共同体理念所主张的全球秩序是强调对话而非对抗的共生思想。它不仅仅是从某个国家的利益角度出发,而是由世界各个国家、各个地区的人民共同承担义务、履行责任,是一种建立在各个国家平等协商、共同参与基础上的世界体系。这一世界体系要求各国政府和人民及其所构建的国际联盟成为一个新主体,要恪守互不干涉内政等国际关系准则,要以最大的诚意和耐心坚持对话解决问题。当然,实践这种全球秩序理念需要每个民族和国家都贡献出自己的一份力量,任何国家的安全绝不是建立在他国的动荡之上。无论国家大小、强弱、贫富,无论历史文化传统、社会制度存在多大不同,都要尊重彼此差异、照顾合理关切。

构建人类命运共同体理念的提出是为了促进和推动构建一个国际治理新秩序。人类命运共同体理念所提倡的新型世界秩序以平等、包容和团结为基本原则,通过全球治理、民主协商而实现,其宗旨就是努力实现世界的永久和平与普遍安全。全球秩序的建立从根本上来讲就是一个利益调节的过程。人类命运共同体理念的内涵和核心是合作共赢,也就是说,一方获得利益并不意味着会损害他方利益。通过合作,双方都可以获得最大化的利益,即所谓的双赢概念。需要重新建立人类社会平衡机制,保障社会的公平正义,需要一种方式来改革旧有的国际秩序,关注经济发展落后的国家,保障发展中国家和不发达国家人民的安全和利益,确保他们能够受益于全球经济增长。

人类命运共同体理念指导下的全球秩序遵循公平原则。不同的国际组织主体之间,权利应当是平等的,这种平等主要存在的目的就是指导和保持国与国之间的公平:无论国家大小或是强弱,都应当具备平等地享有直接参与国际事务的权利。同样,不同国家之间需要增强包容性,包括不同文明间的彼此包容、不同社会制度间的彼此包容以及不同发展道路的彼此包容。不同的国家需要自觉维护和严格遵守人类社会共同的规范、宗旨和基本原则,坚持相互尊重、和平相处、共同发展、合作共赢,反对一切形式的霸权主义、强权政治和新干涉主义。全球治理的基本规则与管理机制的具体确立需要体现每一个国家的意志,而不是由某个国家来主导。人类社会几千年的发展历史已经充分表明,世界秩序若是由一两个超级大国来控制和主导,很可能会造成整个世界的动乱不安。只有越来越多的国家和民族得到进一步的发展和壮大,不同国家和民族之间的实力差距逐渐缩小,整个世界才能形成一种更加均衡的发展格局,世界秩序才能实现长治久安。

3. 人类命运共同体理念蕴含共同价值

当今世界正在发生深刻变化,中国正在成为或者说已经成为了世界变革中最活跃的部分。纵观今日世界,全球经济贸易合作密切、信息即时传递、交通网络四通八达,人类已经进入世界性交往的时代。人类在经济贸易、文化交流和社会生活各方面均存在着广泛而密切的联系。与此同时,随着世界一体化不断推进,不同文明之间的冲突也逐渐显现并且日益加剧。要保证不同国家和地区的人们都可以得到生存和发展,就必须建立大家都认可的价值准则,这关系到人类文明能否延续下去。

2011 年《中国的和平发展》白皮书第一次提出以"命运共同体"的新视角寻求人类共同利益和共同价值。2015 年 9 月 28日,习近平主席在出席第 70 届联合国大会一般性辩论时的讲话中指出:"和平、发展、公平、正义、民主、自由,是全人类的共同价值,也是联合国的崇高目标。""全人类的共同价值",即"人类共同价值"这一概念首次得到国际社会的广泛关注。2020 年 9 月21 日,习近平主席出席联合国成立 75 周年大会,他呼吁世界各国携手构建人类命运共同体。

人类共同价值与人类命运共同体理念一脉相承、相得益彰。人类共同价值是世界各民族之间通过不断交流与交往而形成的全人类共同价值精粹,并不是以文化殖民主义实现的所谓优越文化在世界范围内的普遍化;人类命运共同体理念,是以"协商主义"为原则实现世界各民族文化之间的交流互鉴,在面对共同困难时"同舟共济",面对共同利益和需求时"平等相待、互商互谅",正如习近平主席所言"国际上的事大家商量着办"。因此,人类命运共同体承载着人类共同价值,两者相得益彰、一脉相承。

人类命运共同体理念既深刻反映了人类社会命运与共、相互促进的生存现实,又内在蕴含着对实现人类和谐美好生活的崇高价值观和追求。人类命运共同体理念是对人类社会的发展实践经验进行持续提炼和不断创造发展出来的。这一理念的提出将很好地指导和引领人类社会的实践活动和实践方式。人类命运共同体理念所蕴含的基本价值,就是要实现人类社会的共生共荣,在期待自己生活得更好的同时,也期待别人活得更好,是"各美其美,美人之美,美美与共,天下大同"的美好信仰。

人类命运共同体理念蕴含的基本价值,是一种超越了民族和国家界限且能够被全人类广泛认可和接纳的价值观。我们必须承认,由于彼此特殊的地理位置、生存环境、历史发展和文化传统,不同民族和国家的人们价值理念也各具特色、不尽相同。但是这些价值理念都应该得到同样的认可。当今世界,不同民族和不同国家的人们会不可避免地进行交往与合作,因此需要一种被普遍接纳和认可的价值观。尤其在全球化迅速发展的今天,人类社会必须要求所有人都遵循一种共同的核心价值观来规范和指导人类的行为,从而凝聚共识,为人类解决共同面对的各种问题,为推动和促进各民族和地区的共同繁荣与发展提供强大的精神源泉。人类生存的环境大体相同,从本质上享有共同的利益,因此他们之间就可以产生某些价值上的共识,相互尊重、合作共赢、公平正义是人类命运共同体理念所要构建的新型国际关系,这是超越了民族和国家界限的人类共同的价值。

（二）人类命运共同体理念的时代意义

从 2011 年《中国的和平发展》白皮书第一次提出以"命运共同体"的新视角寻求人类共同利益和共同价值,到 2018 年"推动构建人类命运共同体"写入我国宪法,人类命运共同体理念完成了形成、丰富、成熟和被国际社会接纳的过程。在党的十九大报告中,习近平将"坚持推动构建人类命运共同体"作为习近平新时代中国特色社会主义的十四个基本方略之一进行了深刻阐述,充分体现了构建人类命运共同体这一理念的重要意义。人类命运共同体理念是中国在认真研究分析了世界形势之后提出来的。这一理念不仅对中国自身发展具有重大的历史意义,而且也将对整个世界产生深远的影响。

1. 人类命运共同体理念对中国的意义

首先,它为中国与世界的共同和谐发展提供路径。人类命运共同体理念是实现中华民族伟大复兴"中国梦"的具体实践,它的提出与实践展现了中国的智慧结晶,是中国向世界贡献的中国方案。作为人类命运共同体理念的重大实践方案,中国提出了"一带一路"倡议,将其理念惠及推广到当今全球许多国家。世界上一百多个国家和组织参与其中,在推动区域发展中不断扮演着日益重要的战略角色。"一带一路"倡议推动了一些内陆国家和地区的经济和社会发展,为世界经济发展不平衡问题提供了富有成效的解决办法。以亚洲基础设施投资银行、丝路基金为代表的国际金融合作机制,积极支持和促进了一些国家的项目投资和建设,发挥了重要的引领作用。

再有,它为破解世界难题提供中国方案。作为全球最大的社会主义国家,中国提出的构建人类命运共同体理念有助于积极应对全球治理难题和人类社会所处的困境。2020 年初,一场突如其来的新冠肺炎疫情在全球肆虐,保护主义、单边主义和霸凌行径抬头,新冷战思维、经济危机暗流涌动,当今世界正在进入动荡变革期。实践证明,构建命运共同体是破解世界性难题的方略。2020 年 9 月 8 日,全国抗击新冠肺炎疫情表彰大会在北京人民大会堂隆重举行。习近平总书记发表重要讲话,他指出:"抗疫斗争伟大实践再次证明,构建人类命运共同体所具有的广泛感召力,是应对人类共同挑战、建设更加繁荣美好世界的人间正道。"当天,中国新增病例为 2 例,且均为境外输入,而大洋彼岸的美国在同一天的新增病例突破 2.3 万,累计确诊病例已超过 650 万例,美国成为了世界上累计确诊病例数和累计死亡病例数最多的国家。实践证明,面对疫情,构建人类健康命运共同体是消灭全球重大公共安全危机的有效对策。再如,2020 年 9 月 21 日,习近平主席出席联合国成立 75 周年大会,他呼吁世界各国携手构建人类命运共同体。这是习主席自出席联合国成立 70 周年大会以来,第二次向世界发出构建人类命运共同体的号召。据 2020 年 9 月 28 日世界经济论坛消息,经合组织预测,中国将是所有 G20 国家中唯一没有陷入经济衰退的国家。事实再一次证明,构建人类命运共同体是维持世界政治经济关系稳定发展的核心动力。

2. 人类命运共同体理念对世界的意义

当今世界发展迅速,瞬息万变,充满着重大变革与调整。百年未有之大变局是当代中国共产党人对时代形势做出的准确判断和总体预测。从宏观上看,人类社会的主题是和平与发展,但是在此过程中也充满了潜在的风险和挑战。人类命运共同体是具有深厚历史文化底蕴的科学理念,体现了强烈的实际需求、着眼于世界人民对未来的共同期待,为建设人类社会未来文明,实现不同国家的共同进步,指明了道路和方向,带来了希望和憧憬。

首先,它为实现全球共同发展提供了创新路径。当今世界发展极不平衡,人类命运共同体强调更加关注发展中国家,特别是被边缘化国家的利益,这驱动了世界各个国家和民族的均衡发展,避免两极分化日益严重,消除贫富差距,实现全球化深度发展。人类社会应该采取多元化的发展模式,各个国家应该根据自己的实际情况来制定个性化的发展模式。人类命运共同体摒弃了西方发达国家在发展进程中所采取的零和博弈思维与殖民主义模式,坚持了开放、包容、合作、共赢的发展原则。发展多边贸易、跨境投资、金融伙伴关系等一系列具有现实意义的重大政治、经济战略举措的提出,为构建人类命运共同体理念提供实践平台。作为一种全球化的发展框架和价值导向,人类命运共同体理念对于推动各个国家和民族之间的经济发展、社会共享以及互利共赢具有积极的前瞻性和现实意义,也终将推动各国经济、政治、文化的蓬勃发展和共同进步。

其次,它为建立国际政治经济新秩序、推动世界治理体系变革指明了方向。承认和理解人类生活的共同性是推动全球治理的首要前提。只有这样,才意味着有可能去彻底化解全球性矛盾。众所周知,全球性社会是由诸多行为主体共同构成的。而在诸多行为主体中,国家被认为是最重要、最基本的构成单位,是整个全球治理的核心和主体。除了国家之外,非国家主体的作用在全球治理中也更为重要。全球性公民社会日益崛起、民众积极参与世界治理的方式和途径日益增加,都向我们揭示了仅仅依赖某一个国家主体并没有办法解决全球治理的一切问题,而国家主体治理中存在的不足需要地球村居民的共同参与。

最后,它孕育了交流互鉴的新文明观。人类命运共同体倡导不同文明之间的交流互鉴,为人类社会的未来发展提供了精神指南和价值引领。作为世界上唯一没有中断的文明,中华文明积淀了丰富的文化资源,其精神宝藏是全人类发展的共同精神财富。今天,人类命运共同体理念是实现全球化发展的中国方案,是中国向世界分享的几千年智慧结晶和文化积淀。中国人自古推崇的"天下大同"与"和合"理念,不仅是中国人为人处世的方式,更是中华文明的价值体现。中华文明就是在这种价值理念基础上不断发展而来的。而中华民族几千年来的发展振兴也充分证明了这一点:中华文明之所以经久不衰,持续发展,在世界文明中长久立于不败之地,正是最大限度地吸纳了世界上不同地区的先进文明,兼容并蓄,共通融合。

二、职业教育国际化及其意义

(一)职业教育与国际化

1. 国际化

这里的国际化是指在全球化背景下不同主权国家通过交流互鉴实现的资源合理流动与资源再配置过程,这是由于近现代全球化快速发展而产生的。

2. 高等职业教育

高等职业教育这个概念非常具有中国特色,因为这一名词很少出现在其他国家的教育分类之中。参照"国际教育标准分类"的说法,高等职业教育是一种以职业为导向的特殊课程体系,其教学目标是使学生获得某一特殊职业或职业群所需要的实践技术和专门技能,具备进入劳动市场的技能条件。因此,我们把高等职业教育定义为以培养具有一定理论知识和较强实践能力,面向工作岗位需求的实用型、技能型专门人才为培养目标的职业教育。

3. 高等职业教育国际化

不同学者从多个角度对高等职业教育国际化的内涵做出了不同的定义。有的学者认为,高等职业教育本身就具有国际化的特征。而究其内涵,高职教育国际化是指在经济全球化的大背景下,各个国家之间在高层次的技术性和应用性教育领域上进行的相互交流与借鉴的过程。还有学者认为,高等职业教育国际化是指一个国家高等职业教育以发展本土职业教育为根本,通过动态的、渐进的过程实现跨国、跨区域、跨文化的教育教学理念融合,以期提升本国高职院校办学质量和水平。

(二)职业教育国际化的意义

当前是我国职业教育国际化的重要机遇期。2020 年 6 月,《教育部等八部门关于加快和扩大新时代教育对外开放的意见》正式发布。文件从四个方面谋划了新时期我国教育对外开放工作,将"加大中外合作办学改革力度,改进高校境外办学"放在了首要突出位置,从国家全局高度明确了要主动加强与各国开展合作。在新冠肺炎疫情影响以及国际环境复杂多变的背景下,这既是中国政府向世界表明我国将继续坚持教育对外开放的决心,也为我国职业教育国际化指明了发展的方向。在构建人类命运共同体理念的引领下,推动我国职业教育"走出去",主动加强与世界各国在职教领域的互鉴、互容、互通,以实现更高层次、更高水平的发展,这是新时期我国职业教育国际化与对外开放的重大使命。

1. 职业教育国际化是新时期国家职业教育改革的重大任务

《国家职业教育改革实施方案》明确了当前是我国职业教育"走出去"重大机遇期。因此要以新时期职业教育改革实施方案等一系列顶层设计为发展思路和政策指导,立足于时代发展实际,提高政治站位,明确高等职业教育"走出去"的基本方针和发展战略,遵循高等职业教育走向多元化协调发展的基本规律,创新形式开展职业教育资源、要素的国际间交流与合作,带动国际化技术技能人才的高质量培养,实现我国优质职业教育资源向国际化发展,提升我国职业教育国际吸引力与影响力,推动构建职业教育人类命运共同体。

2. 职业教育国际化是我国高职院校自觉服务"一带一路"倡议的具体实践

2014 年 6 月,国务院印发《关于加快发展现代职业教育的决定》,全面部署加快发展现代职业教育,同时要求我国职业教育加速国际化发展,希望能够构建与中国企业及产品"走出去"相配套的职业教育发展模式。为了进一步促进职业教育的对外开放,教育部积极鼓励我国职业院校广泛开展与"一带一路"沿线国家和地区的合作办学。"走出去"的过程,一方面增强了我国高等职业教育的自信、提升了国际化办学能力,另一方面,也进一步实现了我国职业教育的内涵式发展。通过境外办学,我国职业教育在专业建设、师资建设、产教融合等方面都取得了突破性进展,特别是"鲁班工坊"在不同国家相继落地,让各界各国见证了我国近年来职业教育高质量发展的成果,也开启了我国职业教育中高水平国际交流合作的发展新阶段。

3. 职业教育国际化是提升中国职教国际影响力的必要途径

中国职业教育"走出去"是中国优秀职业教育成果的输出过程,体现了我国经济、教育和文化综合实力,也是其他国家对中国职业教育的接纳、认可和肯定的过程。在这个过程中,要切实围绕发挥专业或学科优势,提高其他国家对中国职业教育的肯定和认同,实现职业教育的有效输出。同时,中国职业教育国际化是耦合价值提升的体现,通过国际化办学可以为我国高职院校打造职教品牌,发展和提升自我办学实力。要善于借鉴他国办学模式,学习他国先进教育理念,结合自身需求开发国际项目,在国际化中孕育本土化,不断增强自身核心竞争力。在职业教育"走出去"的过程中,一是强调"以点带面",以培养当地紧缺技能为切入点,通过设计并实施具体教学模块提升合作国某项教学水平,借以推动整体教学能力提升;二是"由表及里",以办学能力提升为切入点做好顶层设计,全面铺开大规模的课程改革,通过不断强化的教学过程改革,实现教师能力和学生水平的实质提升。这是全局式的职业教育理念输出。

4. 职业教育国际化有助于中国企业更好地"走出去"

近年来,越来越多的中国企业在"一带一路"倡议的推动下涌入国际市场,开展了大量基础设施建设工程和产能输出项目。中国企业希望借此扩大海外市场规模、推动产业发展和转型升级、提升其创新能力。中国企业"走出去"取得成功的关键在于高水平的国际化经营。而国际化经营能否顺利,主要靠技术和人才这两个因素。很多企业表示,"走出去"过程中遇到的最大问题就是国际化技术技能人才的数量相对较少,难以适应企业发展的需求。企业需要的是外语好、懂技术、跨文化水平高的复合型人才,还要乐于沟通,能够知华友华。这样的需求与高等职业教育境外办学目标高度一致。在国际化视角下，中国职业教育如果想更好地"走出去"，就必须充分紧跟当前国际发展和技术变革对人才提出的实际需要，还要有主动服务中国企业国际化的担当，要充分对接企业需要，针对性地选拔和培养人才。一方面，职业院校要将对所在国家的地域、民族、语言和文化的系统学习与研判作为开展境外办学的首要先决条件，要能够满足中国企业国际化经营中对当地员工开展技能培训的需求，要能够根据企业需要对中方管理人才进行合作国本国的法律、文化、制度等知识的再培训，要能够帮助企业实现人力资源质量和效率的再提升，有能力为中国企业在海外开展经营活动提供人才支撑。另一方面，职业院校还要善于基于自身优势结合当地的经济社会发展需要和就业需求实施教学任务。这种贴近当地市场的教学行为，可以为企业提供创新支持，实现产品在当地的二次研发，促进技术创新和成果应用等各个方面的转型和升级。

5. 职业教育国际化水平是衡量"双高计划"院校建设水平的核心指标

自国家示范性（骨干）高等职业院校建设计划和国家优质专科高等职业院校建设计划等项目启动以来，我国高等职业教育进入了日新月异的发展阶段。经过近 15 年的发展建设，我国高等职业教育取得的成就令世人刮目相看，教育国际化总体水平得以大幅提升。2019 年,中华人民共和国教育部、财政部联合启动了"中国特色高水平高等职业学校和专业群建设计划"(以下简称:"双高计划"),给我国高职院校教育国际化建设带来了全新的发展机遇,聚焦"双高计划"目标任务,研究制定教育国际化发展战略,实现提质增效内涵发展,是当前我国高职院校教育国际化所面临的重要研究课题。

三、构建人类命运共同体与职业教育国际化

（一）职业教育国际化与构建人类命运共同体的内在契合

2018 年,"推动构建人类命运共同体"正式写入我国宪法,标志着由习近平总书记提出的构建人类命运共同体伟大构想已经成为全体中国人民广泛遵循并为之奋斗的共同愿景。高职院校境外办学是与各国分享中国职业教育优质资源和创新成果,强调了各方利益相关者追求共同利益才能实现共同发展的理念,这高度契合"合作共赢、共建共享"的人类命运共同体理念。

职业教育国际化的办学目标是提高教育质量、共赢多赢、优势互补、资源共享、共同发展进步。职业教育国际化办学在职业教育改革发展进程中,主张多元化办学模式,共建共享职教资源,紧密进行校企合作,深度融合产教资源,"政行企校研"联合发展,实现共赢,可以提升各个成员的经济利益和社会效益,实

现协同发展,印证了人类命运共同体内涵。

（二）职业教育国际化办学彰显构建人类命运共同体的特殊价值

构建人类命运共同体是为了实现"合作共赢、共建共享、可持续发展"的深度全球化格局。职业教育国际化办学彰显人类命运共同体构想。职业教育国际化办学是与各国分享中国职业教育一流资源、一流经验和创新成果,在共建共享中提升中国职业教育的国际参与度,增强全球职业教育治理的中国话语权,体现中国职教者的国际担当,树立文化自信。这是职业教育境外办学为构建人类命运共同体伟大实践中做出的特殊贡献。

（三）高职院校境外办学是人类命运共同体理念下职业教育国际化的具体实践

作为职业教育国际化的具体实践,高职院校开展境外办学是多边合作的典范,涉及中外"政、行、企、校、研"多方利益相关者。按照《高等学校境外办学指南（试行）（2019 年版）》文件的总体要求,境外办学要主动服务人类命运共同体建设。这告诉我们境外办学的未来发展绝不是短视的、狭隘的、以自身利益为导向的办学模式;这强调了境外办学的目标一定是实现可持续发展,追求各方利益相关者的共同利益、实现共同发展的理念。这就是人类命运共同体理念提出的"合作共赢、共建共享"的具体实践。人类命运共同体理念开启了新时期职业教育国际化办学的新范式,引领职业教育国际化办学实现高质量内涵发展。推进我国高职院校境外办学工作又好又快发展,主动加强与各国职教领域的互鉴、互容、互通,这是新时期我国职业教育对外开放工作的重大任务,也是构建职业教育对外开放共同体的生动实践。

第二章　我国高职院校境外
办学模式管窥

一、我国高职院校境外办学的有关界定

目前,我国尚无针对高职院校境外办学的专门指导性文件,2019 年 9 月,中国高等教育学会发布《高等学校境外办学指南(试行)(2019 年版)》。作为开展专科学历教育的办学主体,我国高职院校属于上述文件规定的高等学校范畴。因此,本书中的境外办学专指我国高等院校的境外办学,与境外办学相关的概念表述均是参照上述文件并结合我国高职院校境外办学研究实际和作者个人理解的基础上,对有关概念进行的界定,所述内容仅代表个人观点。

境外办学,是指中国高职院校独立或者与境外政府机构、具

有法人资格并为所在地政府认可的教育机构或其他社会组织、行业协会合作,在境外举办以境外公民为主要招生对象的教育机构或开展围绕职业技能培养的教育教学活动。这里指的高职院校是具备开展高等职业专科层次学历教育的独立学院,包括了各类职业大学、高等专科学校和高等职业技术学院,不包括从事其他形式职业教育或开展短期职业技能培养的教育举办者。这里还要对境外办学这一名称加以补充说明。不同研究者运用了多个与境外办学相近的概念:"跨国合作办学""海外办学""合作办学"等。跨国合作办学:张秋萍、谢仁业在《跨国合作办学的国际比较》一文中认为,跨国合作办学是以本国教育机构通过设立在别国的教育分支机构,从事国家之间的直接投资技术转让等活动;合作办学:张伟江等在《教育服务产业研究》中认为,合作办学是两个或两个以上的国家为学生提供教育服务;对于海外办学,则认为是一个教育集团或公司或政府机构在归属国以外的别国建立一所独立的大学。

境外办学者,是指所有开展境外办学的中国高职院校;境外合作者,是指所有与境外办学者共同开展境外办学的外方合作机构,这些机构包括但不限于政府机构、教育机构或其他组织;合作国家,是指开展境外办学的目的国。境外办学主要有四种模式:海外分校、学习中心/教学点模式、合作伙伴模式、远程学习。此外,需要说明的是各类境外合作者中最重要最常见的一类是境外教育机构,这类机构的名称因国别不同而不尽相同。比如,北美国家的"社区学院"、欧洲国家的"技术学院"、新加坡的"理工学院"、日韩等国的"高等专门学校"等,从办学功能上讲与我国高职院校基本一致,因此本书将上述境外院校与我国高职院校默认为同一层次、同一类别。

二、我国高职院校境外办学模式的发展演变

（一）我国职业院校境外办学研究的萌芽阶段

党的十一届三中全会确立了改革开放的总布局,为我国跨境高等教育的发展奠定了良好的外部环境。国际先进技术的不断引入、境外投资规模的不断扩大使得实体产业得到快速发展,高素质的职业技能人才短缺与人力市场对人才的强烈需求形成了鲜明对比。以职业技能培养为主的职业学校迎来了发展机遇,针对在华外资企业开展的职业技能培训蓬勃发展,各类中外职业教育合作逐步展开。

1991年10月,国务院颁布《关于大力发展职业技术教育的决定》,从国家层面明确了未来职业技术教育发展方向,要加强与世界先进职业教育强国的学习交流。1995年1月,原国家教育委员会下发《中外合作办学暂行规定》规范并加强了对中外

合作办学的管理。1996年5月,全国人大通过决议,《中华人民
共和国职业教育法》正式颁布。1998年12月,教育部发布《面
向21世纪教育振兴行动计划》,提出鼓励高职高专教育创新办
学模式和发展渠道。这一系列政策的出台,为高职教育创新发
展创造了条件。

这一时期各类高职教育项目和机构得到了快速发展,在中
外职教合作"引进来"的过程中我国职业教育办学模式和办学
机制实现了优化与提升。随着各地政府鼓励中外合作办学政策
的相继出台,以中外合作项目和中外共建机构为显著特征的跨
境教育合作已初见雏形。

(二)我国职业院校境外办学研究的探索阶段

2001年12月,我国正式加入世界贸易组织(WTO)。2002
年12月,教育部下发《高等学校境外办学暂行管理办法》,为境
外办学的发展提供了政策保障。2003年3月,国务院颁布《中
华人民共和国中外合作办学条例》,从国家层面确定了支持教
育领域进一步对外开放的总基调。2004年3月,教育部下发
《中外合作办学条例实施办法》,进一步规范了我国高等学校境
外办学管理工作,明确划分中外合作办学与境外办学。这一系
列政策的出台标志着我国高等教育进入了进一步深化对外合作
交流的新局面。

2005 年 10 月,国务院颁布《关于大力发展职业教育的决定》,支持职业教育向世界一流水平迈进。由此,我国职业教育得到了广泛重视。地方政府也相继出台政策支持和鼓励职业院校开展境外办学,引导职业院校为中资企业海外发展培养国际化技术技能人才。从 2002 年到 2007 年期间,江苏省、河南省、天津市等地方政府相继出台政策鼓励职业教育开展境外办学。2008 年 4 月,教育部创办中外合作办学监管工作信息平台,依托大数据动态指导高校开展中外合作办学工作。我国职业教育由"引进来"开始实现"走出去","学徒工"成为了"教书先生"。2012 年,上海医药高等专科学校在美国成立芝加哥分校开设护理专业;同年广东顺德职业技术学院在马来西亚 UCSI 大学成立顺峰烹饪学院,这标志着我国职业教育境外办学机构和境外办学项目实现了重大突破。

(三)我国职业院校境外办学研究的发展阶段

2010 年 5 月,国务院颁布《国家中长期教育改革和发展规划纲要(2010—2020 年)》,系统谋划了职业教育国际交流与合作的方位与方略。2013 年 9 月和 10 月,习近平主席在出访中亚和南亚时先后提出建设"丝绸之路经济带"和"21 世纪海上丝绸之路"倡议,为我国对外开放事业打开了新格局。2016 年 7 月,教育部下发《推进共建"一带一路"教育行动》,鼓励我国职业院校广泛开展与"一带一路"地区和国家的合作办学。2019年2月,国务院颁布《中国教育现代化2035》,提出要开创教育对外开放的新格局,鼓励职业院校在海外建设"鲁班工坊"。国务院、教育部纷纷在政策上给予了充分保障。据教育部数据显示,截至2020年9月我国共有44所高职院校赴"一带一路"沿线地区举办28个境外办学机构,47个境外办学项目。实践表明,高水平职业教育境外办学有利于服务中外教育合作与人文交流,有利于服务人类命运共同体建设,契合"一带一路"建设的人才需求。

2020年6月,《教育部等八部门关于加快和扩大新时代教育对外开放的意见》正式发布,文件从全局高度明确了将主动加强与各国开展合作,这是新时代对职业教育的更高发展要求。我国高职院校教育者必须清楚地认识到境外办学不只是教育问题,更与国家政治、外交、安全密切相关。境外办学者要提高站位,从国家战略的高度充分认识职业教育"走出去"的重要意义,以构建人类命运共同体理念为遵循,坚持总体国家安全观、坚持文化自信、坚持正确义利观,兼顾发展和安全两件大事,不断推进我国职业教育"走出去"实现可持续发展,这是目前我国职业教育国际化发展与对外开放的重大使命。

三、我国高职院校境外办学的类型划分

依据《高等学校境外办学指南》的定义,我国高职院校境外办学是以招收境外公民为主要招生对象,境外办学举办主体为中国合法的高等职业学校,境外办学形式有境外办学项目、境外办学机构两种类型。

(一)境外办学项目

境外办学项目主要指境外办学者在实施教育教学活动过程中进行的教学资源、课程、教学设备及其他项目相关资源的实体或虚拟的流动。项目形式主要包括:双联项目、衔接项目等。

1. 双联项目

学生参加境外办学项目学习,在境外完成第一阶段课程学习后,继而通过来华留学完成第二阶段课程学习,包括"2 + 1""1. 5 + 1. 5""1 + 2"等课程安排。根据项目特点,由境外办学者独立设计或与境外合作者共同设计教学体系并据此开设有关课程,学生在境外和中国分别完成阶段性教育。学生成绩合格者,由学历教育项目颁发毕业证书,非学历项目颁发项目结业证书。

2. 衔接项目

境外办学者与境外合作者通过协议达成学分互认的联合培养项目。该项目学生在境外合作者学习期间已修学分被境外办学者认可,境外办学者允许此类学生在其境外办学项目中进行继续学习或深造。

(二)境外办学机构

境外办学机构是中国合法的高职院校作为举办主体,以独立投入或中外双方或多方联合投入的方式在境外设立的教育机构。这类机构属于我国高职院校自主办学的权利范畴。当前,境外办学的主要模式有海外分校模式、学习中心/教学点模式、合作伙伴模式、远程学习。

1. 海外分校模式

境外办学者以独立或中外双方合作方式在境外设立分校或独立建立院校,以便实施中方教学计划,开展学历教育并对学生授予中方学历证书。这是很多境外办学先进国家的主要境外办学模式选择,有其合理性、生命力和巨大的影响力。境外办学者联合境外合作者,可利用境外合作者现有校园加以改造或是重新规划校区独立开设分校,以此为学生提供教学场所。这类境外校园由中方团队主导办学工作,以实现中方培养目标为办学核心要务,按照中方教学标准实施教学工作,实现国内外校区同步培养,同时辅以经中方培训过的外方教学团队开展日常教学工作。据我课题组调研发现,我国高职院校在"一带一路"沿线国家开展境外办学活动,海外分校是当前我国高职院校境外办学的主要形式。境外合作方愿意主动参照中国标准开展职业教育，在引入中国职业教育课程体系过程中愿意配合开展教学活动。

最为典型的海外独立院校是柬埔寨西港工商学院，这是我国第一所在海外建立的职业教育应用型大学，由无锡商职院与红豆集团在柬埔寨出资共建。该学院围绕"学历教育、职业培训、科技服务、人文交流"四位一体的办学定位，力争打造成立足柬埔寨、辐射东南亚的中国职业教育境外办学品牌。

2. 学习中心/教学点模式

我国职业院校采用的另外一种境外办学模式，就是在境外设立研究中心、学习项目或者教学点，通常由境外办学者与境外合作者在境外教学点共同开展教学任务。这类合作基本上是由境外办学者向境外合作者在境外教学点提供智力和设备支持，基于境外办学者的优势专业开展教学资源共享，同时进行双方教师和学生的交流。这是一种相对稳妥的境外办学模式，可以作为境外办学者起步阶段的尝试性做法。

3. 合作伙伴模式

合作伙伴模式，是指中国高职院校为办学主体，境外办学者与境外合作者共同开展中外合作办学项目。这种模式是服务中外教育合作与人文交流的经典模式，其主要形式是开展境外培训中心。这类中心往往是在当地建设实训实践场地,为中资企业在当地培养技术技能人才,培训中心教师往往由熟悉中国技术技能的一流中方师资团队担纲。比如,"鲁班工坊"这一天津市原创的职业教育国际合作品牌项目,是合作合伙模式的创新范式,其核心办学目标是围绕合作国经济社会发展需求与境外机构开展合作。

4. 远程学习

远程学习还不是一种独立的境外办学模式。随着后疫情时代来临,远程学习在境外办学中扮演了越来越重要的角色。学生通过视频方式远程完成学业。值得注意的是,远程教育不只是纯粹的在线授课,更多的是作为境外办学教学工作的辅助形式。

四、我国高职院校境外办学模式的研究综述

(一)研究动态

1. 国内研究动态

(1)有关人类命运共同体理念和职业教育国际化关系的研究。人类命运共同体理念是引领职业教育国际化的根本遵循。张俊宗《教育国际化:构建人类命运共同体的重要力量》(2020年3月)强调人类命运共同体理念为更好地推进教育国际化提

供了根本遵循,教育国际化在推进构建人类命运共同体进程中彰显出特殊价值。

（2）有关我国高职院校境外办学主要模式的综合研究。杨文进、马紫田《"一带一路"视阈下高职院校格鲁吉亚境外办学的优势及不足——以广州涉外经济职业技术学院为例》（2019年12月）提出了该校境外办学分阶段实施策略:第一阶段强化语言培训,第二阶段强调技能培养与专业教育的融合。围绕格鲁吉亚发展实际为当地培养应用型人才,逐渐形成一个语言与职业培训相结合、校企协同发展的境外办学品牌项目。李富《"一带一路"倡议下中国职业教育境外办学的战略架构》（2018）指出中国职业教育境外办学的合作方式主要有三种:一是与"一带一路"沿线国家现有的院校合作;二是对中国企业在海外的培训中心进行托管;三是与中国企业协同去"一带一路"国家联合办学。

（3）有关高职境外办学的典型案例分析。梁秀文、付宁花《农业高职院校在"一带一路"国家境外办学的探索——以背景农业职业学院泰国分院办学为例》（2020年5月）提出了构建"泰国需求导向 + 北京都市农业特色"的国际化教学标准和课程体系,双方不仅联合制定专业和课程标准、研讨确定人才培养方案、明确人才培养目标、设计开发双方认可的课程体系,同时还注重汉语言教师和专业教学师资队伍的培养。李传彬《"一带一路"背景下高职院校境外办学成效、困难与对策——以无锡商业职业技术学院柬埔寨办学为例》(2017年4月)指出,破解办学困境的主要对策是要科学合理地利用国内办学的成熟经验和优势,根据国外当地教育、经济的发展需要科学系统地谋划办学定位,合理设置和配置专业体系。

(4)有关高职境外办学模式的创新研究。陈晓芳《高职院校"走出去"办学现状分析——以福建信息职业技术学院为例》(2020年12月)提出了面授与"互联网+"结合的教学新模式。通过实现统一身份认证、数据互通、资源共享打造"互联网+"职业教育国际合作云平台,搭建起了优势专业和汉语教育的师资、课程、教学资源输出通道,在指导海外学生学习专业知识与实践技能的同时实现了传授中国传统文化贯穿培养全过程,旨在培养知华、友华的国际技术技能人才。

(5)有关高职境外办学创新范式——"鲁班工坊"的综合研究。李艳、许晓慧《职业院校境外办学的首个海外"鲁班工坊"案例分析》(2020年5月)强调高质量的师资队伍是建设海外"鲁班工坊"的关键,要一方面组建通晓外语、业务精湛的中国专业教师队伍,同时选拔和培养熟悉理解中国文化的境外当地教师队伍。王馥《"一带一路"背景下职业教育鲁班工坊境外办学模式探究——以海外孔子学院发展模式为借鉴》(2019 年 8 月)指出要以孔子学院境外办学的成功模式为借鉴,以当地发展需求人才培养为导向、技能培训为推手、教育提升为战略、以双方合作发展和谐共赢为目标来推动职业教育鲁班工坊境外办学。

2. 国外研究动态

国外高校开展境外办学主要通过在相对落后国家设立海外分校的形式出现,各国根据自身实际,其特点往往不同。如:

(1)以为母国网罗全球优秀人才为目标的境外办学模式。近年来,美国高校通过开办海外分校发现和吸引当地优秀生源,为其提供转入美国本土学习或攻读研究生的机会。同时,美国海外分校在课程设置方面注重优质性和实用性。所谓优质性,例如美国纽约大学将其具有全球顶尖水平的商科类课程照搬到其海外分校,确保了同类课程的优质性;所谓实用性,就是结合当地急需为海外分校打造特色实用性课程,比如中山大学—卡内基梅隆大学联合工程学院就是结合中国工程领域需求培养创新型人才。

(2)强调顺应时代发展的境外办学模式。英国是世界上最早开展境外办学的国家,目前依旧是世界境外办学领域最为主要的力量之一。英国大学顺应时代发展,通过互联网构建虚拟大学。比如,2001 年英国创建的全球网络电子大学就是此类虚拟大学。英国大学通过线上形式实现了教育资源的全球整合与供应。

（3）以境外教学质量体系为核心竞争力的境外办学模式。澳大利亚政府于 2005 年制定并出台了跨国教育质量战略框架性文件以及境外机构质量评估体系,保证了境外教学质量始终处于高水平。海外分校要采用与母校同样的教学方法、课程大纲,学生毕业后授予母校学位。同时,为了确保教学质量,实现教师在母校与海外分校之间的流动。比如,莫纳什大学的"校区间师资流动项目",就是鼓励母校的教师到分校访学或者教学,参与课程开发、研究或者管理工作。

（4）以打造高品质的师资队伍为引领的境外办学模式。德国高职院校开展境外办学强调师资团队一般由德国本土专家主导,团队成员通常具备赴德培训经历、熟悉德式企业运作方式。

（5）以强化融通联系为主要任务的境外办学模式。法国职业院校在培养职业技能的同时,更强调对海外学生的法语语言培训,以及文化多样性的认知认同。这主要是促进法语系国家之间的融通交流,巩固法国在国际上的统合影响力。这类境外办学主要开设在北非、亚洲、东欧等法语系国家。

（二）研究现状述评

人类命运共同体视域下我国境外办学实践研究是一个新兴

且涉及面较广的论题。国内外围绕高等教育境外办学展开的系列研究颇丰,但在人类命运共同体背景下来探讨我国高等职业教育领域的境外办学则相关研究较少,这要求研究中既要多方面参考跨学科的理论,又要在充分调研的基础上对办学实践进行研究。

1. 研究内容评价

国内学者对高等教育境外办学的研究较丰富,对人类共同体理论也有了较为系统的论述,但少有在人类命运共同体视角下高职教育境外办学进行研究,对境外办学文化互鉴方面则更少。国内学者在分析高职院校境外办学时,很难以点概面,理清其中关系,研究职业院校境外办学更侧重介绍其境外办学成果、现状、问题,在策略对策研究方面不足。

因西方高校境外办学起步较早,国外学者已从管理学、教育学、政治经济学、劳资关系等多领域对跨国教育进行了系统论述。这些学者的研究方向主要集中在办学模式和人才培养模式的优化与创新上,其办学经验和研究成果可以为我国高职院校境外办学提供理论与实践的借鉴。

2. 研究方法评价

近年来,西方职业教育发达国家基于大数据编制了技术技能发展指南,通过调研雇主对技能的需求为青年就业提供指导,也有学者从区域案例来解析境外办学过程。必须承认,相较国外的长期研究与不断发展,我国高校境外办学实证研究还处于初级阶段,尚无统一的权威数据库和测评体系。

(三)研究价值

1. 理论意义

(1)完善人类命运共同体理论的本体内涵

2018 年,"推动构建人类命运共同体"正式写入我国宪法,标志着由习近平总书记提出的构建人类命运共同体伟大构想已经成为全体中国人民广泛遵循并为之奋斗的共同愿景。

本书将提出构建我国职业院校"技能共享 + 文化互鉴"境外办学模式,这是构建"职业教育对外开放共同体"的具体实践,高度契合人类命运共同体理念。高职院校境外办学是与各国分享中国职业教育优质资源和创新成果,强调了各方利益相关者追求共同利益才能实现共同发展的理念,这高度契合"合作共赢、共建共享"的人类命运共同体理念。

(2)丰富我国高职院校境外办学研究视角

宏观层面,本书是以人类命运共同体为研究视角,从理论层面阐明研究高等职业教育境外办学模式,并将文化互鉴融入其中,这在我国高等职业教育境外办学的研究领域鲜有先例。我国高职院校境外办学不应只是教育问题,更与国家政治、外交、安全密切相关,并且充满挑战与不确定性。境外办学者要提高站位,从国家战略的高度充分认识职业教育"走出去"的重要意义,不断在研究中丰富理论视角。

微观层面,国内学者对于高职院校境外办学研究容易拘泥于高校境外办学研究的框架内进行,这脱离了职业教育与行业、企业、职业的密切联系。高校境外办学的主体是以学校作为单一主体,高职境外办学的主体是学校、中外企业共同参与的多元主体。本书将就如何在高职院校境外办学实践中实现校企协同、产教融合加以研究,并对具体实践给予指导,这丰富了高职院校境外办学实证研究的视角。

(3)提炼我国职业院校境外办学现有成果

国内学者对于高职院校境外办学的实证研究往往基于单个院校或是单个案例,不具有宏观层面的指导性。本书将系统梳理我国高职院校境外办学现状,归纳目前境外办学者的困境、机遇、挑战,提出合理的对策分析,将共性经验上升到理论层面,提出构建"技能共享 + 文化互鉴"境外办学模式的目标、原则、路径和流程,为我国高职院校"走出去"提供行动指南。

2. 现实意义

(1)以"文化互鉴"为导向,破解"落地生根"的难题

本书旨在人类命运共同体理念的引领下,基于各国发展实

际,在实现课程与教学资源本土化,通过实现中外文化融通加深彼此文化认同,从而构建我国职业院校"技能共享＋文化互鉴"的境外办学模式。实践证明,单纯以职业技能输出开展的境外办学很难在境外做成"百年老店"。本书将系统研究在履行职业教育的服务功能的同时,为中外精粹文化交流提供解决方案,以"文化互鉴"实现境外办学的"落地生根"。

(2)以"国外经验"为鉴,提升我国职业院校境外办学水平

本书将梳理归纳外国开展跨国教育、发达国家高等院校设立海外分校的成功经验,学习国外先进人才培养经验,切实对有关国家境外办学的特点与创新之处加以分析,理清可供我国高职境外办学者参考的域外借鉴之处,做好我国高职院校境外办学的域外借鉴工作,这将对我国职业院校境外办学发展具有重要现实意义。

(3)明确"技能共享＋文化互鉴"总要求,创新境外办学模式

"技能共享＋文化互鉴"境外办学的总要求是必须坚持总体国家安全观、坚持文化自信、坚持正确义利观三个基本原则,遵循职业教育发展规律,服务于人类命运共同体建设,服务于中外教育合作与人文交流,以中国高职院校为办学主体开展"技能共享＋文化互鉴"境外办学,与其他国家职教领域保持互相

沟通、互相借鉴、互相融合,更好地实现我国优质职业教育"走出去"。

高职院校境外办学的创新发展之路就是要实现高职院校境外办学在海外"留得住、扎下根、走得远"的可持续发展,就必须对境外办学形式、合作流程进行归纳演绎,从内部机理到外部政府保障,共同探索出一条符合双方国情的境外技能共享之路。

(4)运用"中国智慧"解决世界职教问题

通过"技能共享"的实现,将与世界分享中国职教资源的优秀成果,实现了中国职教标准的国际化,打通了中外职业教育优质资源的共享渠道,按照中国标准培养熟悉中国技术、操作中国装备、认可中国产品的技能人才,通过提供职业教育全球化解决方案向世界证明"中国智慧"可以解决世界问题。

(5)创建中外文化共生的职业育人环境

通过"文化互鉴"的实现,转变了职业教育境外办学"重技能、轻文化"的传统办学理念,通过增加彼此对职业教育文化的理解和认同,在和谐共赏的育人环境中塑造学生的职业精神和工匠精神,有效弥补文化裂痕、预防文化冲突,这是中国为世界职教发展带来的新思路、新方向、新路径。

第三章　我国高等职业院校
境外办学的机遇与挑战

高等学校境外办学是我国教育对外开放的重要内容,在服务"一带一路"倡议中国企业"走出去"、促进中外人文交流、提升我国教育国际竞争力和影响力等方面具有重要意义,也是深化教育改革,推进我国高校国际化建设的有力举措。

党的十一届三中全会以来,随着改革开放发展我国教育对外开放步伐不断加大,其领域覆盖了出国留学、来华留学、中外合作办学、境外办学、国际汉语推广、外籍专家引智等多个方面。尤其是加入 WTO 之后,我国高等教育国际竞争力在促进中外人文交流的大背景下得到了不断增强。作为教育服务贸易的重要载体,境外办学的发展速度与规模也不断提升,我国先后在海外建立了如大连海事大学斯里兰卡校区、老挝苏州大学、厦门大学马来西亚分校、浙江大学帝国理工联合学院等多个境外办学机构。党的十八大以来,我国深化教育改革的力度不断提升,高等教育的活力得以进一步激发,办学自主性进一步加大。

2013 年,习近平主席提出了建设"一带一路"倡议,而后沿线各国在政策沟通、设施联通、贸易畅通、资金融通、民心相通的联系更加密切,国际重大合作项目在沿线各国持续落地,我国高校境外办学呈井喷式增长。据《中国教育报》2020 年 11 月统计数据显示,我国高校已与全球 54 个国家和地区签署学历学位互认协议。

一、我国高等职业院校境外办学的现实境况与发展机遇

相较普通高等学校而言,我国高等职业院校境外办学起步较晚。2014 年 6 月,国务院印发《关于加快发展现代职业教育的决定》,全面部署加快发展现代职业教育,同时对我国职业教育提出了国际化发展要求,希望建立与中国企业及产品"走出去"相配套的职业教育发展模式。2016 年,中共中央办公厅、国务院办公厅印发了《关于做好新时期教育对外开放工作的若干意见》,提出"加强与大国、周边国家、发展中国家、多边组织的务实合作,充分发挥教育在'一带一路'建设中的重要作用,形成重点推进、合作共赢的教育对外开放局面"。同年,教育部印

发了《推进共建"一带一路"教育行动》，指出"一带一路"沿线国家教育要加强合作、共同行动，为共建"一带一路"提供人才支撑。2020年6月，《教育部等八部门关于加快和扩大新时代教育对外开放的意见》，将"加大中外合作办学改革力度，改进高校境外办学"放在了首要突出位置，我国将主动加强与各国开展合作、主动加强同世界各国的互鉴、互容、互通。这个文件是在新冠肺炎疫情影响下全球面临复杂挑战的背景下提出的，这既是中国政府向世界表明我国将继续坚持教育对外开放的决心，也为我国职业教育国际化的未来指明了方向。

（一）我国高等职业院校境外办学的情况梳理

我国职业教育在国际化发展最初阶段，积极学习和借鉴职教发达国家的先进经验，比如"双元制""三明治""学徒制"等人才培养模式。经过多年发展和不断探索，现已逐步形成了具有中国特色的现代职业教育体系。部分高职院校已经开始通过境外办学的方式，将优质教育教学资源向境外"输出"。这种从单项"引进"变为"引进"与"输出"双向流动的变化，标志着我国职业教育发展水平与国际影响力不断提升。

2012 年—2018 年我国高等职业院校境外办学信息一览表

序号	办学年份	国内院校	合作方	海外分校	所在国家及地区	专业及培训特点
1	2012 年	上海医药高等专科学校	芝加哥市立大学联盟	上海医药高等专科学校芝加哥分校	北美洲—美国	护理专业
2	2012 年	顺德职业技术学院	马来西亚UCSI 大学	马来西亚UCSI 大学顺峰烹饪学院	亚洲—马来西亚	烹饪专业
3	2014 年	重庆城市管理职业学院	柬埔寨经济管理大学	柬埔寨经济管理大学职业教育中心	亚洲—柬埔寨	武术、刺绣、书法
4	2014 年	湖南铁路科技职业技术学院	中车株洲电力机车有限公司、马来西亚吉隆坡捷运轨道学院	马来西亚铁路总公司实训基地	亚洲－马来西亚	动车组、城市轨道交通车辆培训师培训
5	2014 年	天津渤海职业技术学院	泰国大成技术学院	鲁班工坊	亚洲－泰国	汉语言专业

序号	办学年份	国内院校	合作方	海外分校	所在国家及地区	专业及培训特点
6	2015年	珠海城市职业技术学院	印尼博修达大学	中印语言教学与研究中心	亚洲—印度尼西亚	汉语专业
7	2015年	锡林郭勒职业学院	蒙古国农业大学	衔接项目	亚洲—蒙古	畜牧业专业
8	2015年	广东农工商职业技术学院	广垦橡胶集团泰国分公司及柬埔寨分公司	泰国学习中心、柬埔寨学习中心	亚洲—泰国、柬埔寨	企业管理、语言学习、财会知识、法律常识及专项技能
9	2015年	北京信息职业技术学院	埃及MEK慈善基金会、埃及苏伊士运河大学	埃及苏伊士运河大学分院	非洲—埃及	电子信息工程技术、通讯技术、机电工程技术专业
10	2016年	宁波职业技术学院	贝宁CERCO学院	中非（贝宁）职业技术教育学院	非洲—贝宁	教育、港口及汽车产业

续表

序号	办学年份	国内院校	合作方	海外分校	所在国家及地区	专业及培训特点
11	2016 年	天津渤海职业技术学院	泰国大城技术学院	鲁班工坊	亚洲—泰国	计算机、机电、自动化专业
12	2016 年	江苏海事职业技术学院	中国赢联盟、几内亚技术教育和职业培训部	几内亚—江苏海事职业技术学院韦立船员学院	非洲—几内亚	船员培训、铝土矿出口海运服务
13	2016 年	山东外贸职业学院	太平洋路德大学	山东外贸职业学院美国华盛顿州分校	北美洲—美国	国际商务专业
14	2016 年	无锡职业技术学院	老挝申沙万学院、老挝申沙万教育集团	1＋2 联合培养	亚洲—老挝	物流管理、计算机技术专业
15	2016 年	云南交通职业技术学院	泰国邦帕空工业及社区教育学院	云交院泰国邦帕空分校	亚洲—泰国	轨道交通、物流管理及汽车运用与维修技术专业

续表

序号	办学年份	国内院校	合作方	海外分校	所在国家及地区	专业及培训特点
16	2016 年	武汉铁路职业技术学院	泰国职教委	1+1 二年制高铁专业人才培养	亚洲—泰国	高铁专业
17	2017 年	淄博职业学院	柬埔寨王国工业技术学院	中国淄博职业学院—柬埔寨职业教育中心	亚洲—柬埔寨	汉语专业
18	2017 年	浙江旅游职业学院	俄罗斯国立旅游与服务大学	中俄旅游学院	欧洲—俄罗斯	汉语言、旅游专业
19	2017 年	湖南铁道职业技术学院	俄罗斯圣彼得堡国立亚历山大一世皇帝交通大学	2+2 专本连续、学分互认	欧洲—俄罗斯	城市轨道交通车辆技术、铁道机车、机械设计与制造专业

续表

序号	办学年份	国内院校	合作方	海外分校	所在国家及地区	专业及培训特点
20	2017年	湖南铁路科技职业技术学院	吉隆坡大学	湖南铁路科技职业技术学院马来西亚吉隆坡大学轨道交通人才培养中心	亚洲—马来西亚	轨道交通、铁路师范专业
21	2017年	天津轻工职业技术学院、天津机电职业技术学院	印度金奈理工学院	鲁班工坊	亚洲—印度	数控设备应用与维护、新能源技术、3D打印技术、工业机器人专业
22	2017年	浙江交通职业技术学院	浙江交工集团	浙江交通职业技术学院驻海外"鲁班学校"	非洲—喀麦隆	工程项目人才培养

续表

序号	办学年份	国内院校	合作方	海外分校	所在国家及地区	专业及培训特点
23	2017 年	浙江金融职业学院	柬创院国际教育中心	柬创院国际教育中心	亚洲—柬埔寨	中国书画为主的中国文化、汉语言课程（短期面授＋长期线上教学）和电子商务专业国际培训
24	2017 年	金华职业技术学院	穆桑泽职业技术学校	卢旺达穆桑泽国际学院	非洲—卢旺达	职业技术培训
25	2017 年	柳州铁道职业技术学院	泰国东北皇家理工大学	泰中轨道交通学院	亚洲—泰国	铁道技术专业

续表

序号	办学年份	国内院校	合作方	海外分校	所在国家及地区	专业及培训特点
26	2017 年	广州铁路职业技术学院	白俄罗斯国立交通大学	亚欧高铁合作学院	亚洲—白俄罗斯	轨道交通技术、电气自动化技术、轨道交通运营、铁道通信与信息化等学科
27	2017 年	深圳职业技术学院	保加利亚普罗夫迪夫大学	普罗夫迪夫大学—深圳职业技术学院职业教育培训中心	欧洲—保加利亚	电子通信专业
28	2017 年	柳州城市职业学院	上汽通用五菱印尼汽车有限公司、印尼西卡朗西部国立第一职业学校	印尼中上汽通用五菱汽车教育培训基地	亚洲—印度尼西亚	技能培训基地

续表

序号	办学年份	国内院校	合作方	海外分校	所在国家及地区	专业及培训特点
29	2017 年	山东科技职业学院	乌干达阳光地带印染有限公司、创造太阳乌干达石油学院	东非（乌干达）国际学院	非洲—乌干达	计算机应用技术、纺织服装、机械加工等
30	2017 年	无锡职业技术学院	宁朗（泰国）有限公司	宁朗（泰国）公司人才培养基地	亚洲—泰国	技能培训基地
31	2017 年	淄博职业学院	柬埔寨王国工业技术学院	中国淄博职业学院 - 柬埔寨职业教育中心	亚洲—柬埔寨	汉语教学、教师培训和职业培训
32	2018 年	福建信息职业技术学院	泰国职教委曼谷职业教育中心	中泰国际学院	亚洲—泰国	物流管理、汉语等专业 1 + 2 模式培养
33	2018 年	福州职业技术学院	马来西亚 ISBAUK 学院	ISBAUK 学院马来西亚分校	亚洲—马来西亚	"2 + 1" 模式培养

续表

序号	办学年份	国内院校	合作方	海外分校	所在国家及地区	专业及培训特点
34	2018年	海南职业技术学院	尼泊尔全球旅游与酒店职业教育学院	海职院尼泊尔分校	亚洲—尼泊尔	酒店管理专业
35	2018年	北京农业职业学院	泰国披集农业技术学院	北京农业职业学院泰国分院	亚洲—泰国	农业职业教育
36	2018年	温州职业技术学院	柬埔寨国家技术培训学院	柬埔寨温州职业技术学院亚龙丝路学院	亚洲—柬埔寨	电气自动化专业
37	2018年	日照职业技术学院	山东五征集团	五征学院卡拉奇分院	亚洲—巴基斯坦	汽车专业
38	2018年	柳州铁道职业技术学院	广西柳工机械股份有限公司	柳工—柳职院全球客户体验中心印度分中心	亚洲—印度	客户咨询、职业技能鉴定等专业境外培训中心
39	2018年	柳州铁道职业技术学院	广西柳工机械股份有限公司	沙特卡坦尼学院	亚洲—沙特	工程机械、销售专业

从表中不难看出,自 2012 年至 2018 年共有 33 所国内院校在世界 18 个国家和地区成功实现了 39 个项目的海外落地。截至 2018 年底,在高职院校设立的海外分校中,分布在"一带一路"沿线国家的数量占总数的 72.7%。据教育部数据显示,截至 2020 年 9 月我国共有 44 所高职院校赴"一带一路"沿线地区设立 28 个境外办学机构,开展 47 个境外办学项目。上述指标充分体现了我国高职院校能够自觉主动到"一带一路"沿线国家(地区)开展境外办学。

(二)我国高等职业院校境外办学的特点分析

1. 从境外分校分布区域来看,我国高等职业院校境外办学已覆盖了包括亚洲、非洲、北美洲、欧洲、大洋洲在内的世界五个洲,呈现出"遍地开花"的趋势,但在地区分布上并不均衡,主要集中在东南亚、非洲等国家,其中我国职业院校境外办学前五名的国家为:泰国、柬埔寨、缅甸、美国、马来西亚。

2. 从办学院校分布来看,开展境外办学的高职院校主要分布在我国东部经济相对发达的地区,如江苏、浙江、天津、广东、北京、山东等具有沿海区位发展优势或区域职业教育发展优势的省市。

3. 从办学模式来看,主要包括:

(1)校校合作开展技能培训。如 2014 年重庆城市管理职业学院在柬埔寨经济管理大学设立"职业教育中心",成为重庆高职院校在海外设立的第一个职业教育机构。该中心开发了"汉语＋计算机"课程,组织各类培训 1200 余人次,有效提升了学校的国际影响力。

(2)校校联合学历教育。2016 年苏州高博软件技术职业学院与西印度大学以"2＋2"合作培养模式进行校际合作办学。校区设在西印度群岛首都巴巴多斯,西印度大学负责招生和前两年的教学,学生在西印度大学学习两年后到苏州高博完成两年的学习和实训。学生完成四年学习后由西印度大学颁发学位证书,高博颁发专科毕业证书或专业技能证书。

(3)校企联合学历教育。2012 年,无锡商业职业技术学院与红豆集团合作在柬埔寨西哈努克港经济特区成立的职业培训中心,为当地企业员工提供语言沟通、技术应用等职业培训,开创了高职与企业联合培养本土高等职业技术技能人才的先河。2018 年,日照职业技术学院与山东五征集团在巴基斯坦创立五征学院卡拉奇分院。

(4)校企联合技能培训。2018 年,广西柳工机械股份有限公司与柳州铁道职业技术学院携手出海,在印度设立全球客户体验中心印度分中心开展职业技能鉴定和职业技能培训项目,培养当地客服人员、开展职业技能鉴定;广东农工商职业技术学院紧跟广东农垦"走出去"战略,在泰国广垦橡胶有限公司、广垦国际(柬埔寨)有限公司成立"广东农工商职业技术学院泰国学习中心"和"广东农工商职业技术学院柬埔寨学习中心",将课堂开在工厂、把培训带入企业,为企业的海外的可持续发展提供人才保证。

(5)行业院校联盟技能培训。2015年,中国职业技术教育学会倡议成立"一带一路"建设校企合作联盟,在教育部主导下国内高职院校、企业、行业积极行动,开展校企合作。2016年,由广西职业技术学院牵头,联合广西、云南边境地区的职业院校、行业企业、科研院所等61家单位组建了中国—东盟边境职业教育联盟;中国有色金属工业人才中心牵头,有色金属工业协会、有色行教指委等协调北京工业职业技术学院、白银矿冶职业技术学院等7所院校加入到以中国有色矿业集团作为试点企业的有色金属行业职业教育"走出去"试点工作中,在非洲赞比亚开办分校,为中国有色金属企业的当地雇员做劳动培训。

(6)鲁班工坊。鲁班工坊是天津市职业教育国际化发展的重大成果,是在天津市委、市政府的领导下,职业院校服务国家"一带一路"倡议,配合国际产能合作,培养当地合作国家熟悉中国技术、了解中国工艺、认知中国产品的技术技能人才,推动国内优质职业教育走出去的创新型职业教育国际化服务项目。

在鲁班工坊的建设过程中,产业、行业、企业、职业、专业实现了"五业联动",政、行、企、校、研实现了"五方携手"。从 2016 年 3 月天津渤海职业技术学院与泰国大成学院联合建立的第一家"鲁班工坊",到 2019 年 3 月非洲第一家鲁班工坊在吉布提工商学校揭牌启动运营,越来越多的高职院校依托鲁班工坊这一平台,投身服务"一带一路"发展倡议,将中国优质职业教育和优质产品技术向合作国输出,培养当地急需的产业人才,为世界职业教育发展贡献中国力量。从 2016 年到 2019 年间,天津职业院校先后在泰国、英国、印度、印尼、巴基斯坦、柬埔寨、葡萄牙、吉布提建成 8 个"鲁班工坊",涵盖包括自动化、新能源、机械在内的 9 类共 23 个专业,累计为相关国家和地区培养学生 4000 余人次,培训教师 600 余人次,得到了合作国家的高度重视和广泛好评。

"鲁班工坊"项目建成情况一览表

名称	中方院校	外方院校	主要亮点	开设专业
泰国鲁班工坊	天津渤海职业技术学院	泰国大城学院	"一坊两中心"	机电一体化技术 数控机床技术 物联网应用技术 新能源汽车技术 （高铁）动车组检修技术 （高铁）铁道信号自动控制
英国鲁班工坊	天津市第二商业学校	英国奇切斯特学院	纳入英国教育学历框架	中餐烹饪技术
印度鲁班工坊	天津轻工职业技术学院 天津机电职业技术学院	印度金奈理工学院	"金砖"国家首个鲁班工坊	数控设备应用与维护 光伏发电技术与应用 工业机器人技术 机械设计与制造（3D）

续表

名称	中方院校	外方院校	主要亮点	开设专业
印度尼西亚鲁班工坊	天津市东丽区职业教育中心学校	印尼东爪哇省波诺罗戈市第二职业技术学校	"21世纪海上丝路"首倡之地	汽车维修技术 新能源汽车
巴基斯坦鲁班工坊	天津现代职业技术学院	巴基斯坦旁遮普省技术教育与职业培训局	"中巴经济走廊"成果	电气自动化技术 机电一体化技术
柬埔寨鲁班工坊	天津中德应用技术大学	澜湄职业技术中心	"澜沧江湄公河"合作建设项目	机电一体化技术 通信技术
葡萄牙鲁班工坊	天津机电职业技术学院	葡萄牙塞图巴尔理工学院	习近平总书记见证签约	电气自动化技术 工业机器人技术
吉布提市鲁班工坊	天津铁道职业技术学院 天津市第一商业学校 中国土木工程集团有限公司	吉布提工商学校	非洲首家"鲁班工坊"	铁道工程技术 铁道交通运营与管理 商贸 物流

4. 境外办学模式从"百花齐放"到统一模式的尝试

初期我国高等职业院校境外办学的模式呈现"遍地开花"、"百花齐放"的态势,这主要取决于各院校办学着力点和自身发展特色。自2016年天津建立第一个鲁班工坊以来,在天津市教委的直接领导下,天津市职业院校与教育科研单位联合建立了鲁班工坊研究推广中心,全面负责鲁班工坊的规划设计、建设规范、师资培训以及评价监督。鲁班工坊坚持以国际化专业教学标准为依据、以工程实践创新项目(EPIP)为教学模式、以全国职业院校技能大赛选用的优秀教学装备为基础、以校企合作立体化教学资源为内容、以海外院校本土师资标准化培养为根本,并以鲁班工坊研推中心保障其可持续发展。目前,这一模式已成为天津多数职业院校境外办学的参考,以同样风格、标识设计建设的鲁班工坊确保了职业教育输出的统一性。

教育部2010年启动的全国200所"国家示范和骨干高职院校"建设,到2019年启动的"中国特色高水平高等职业学校和专业群建设计划",明确将提升国际化水平列为重大改革发展任务。在国家政策法规的指引和扶持下,我国职业教育积极转变办学理念,由追求规模扩张向提高质量转变,由模仿普通教育办学模式向特色鲜明的类型教育转变,着力培养高素质劳动者和技术技能人才,为建设现代化经济体系、建设教育强国提供优质人才支撑。同时,我国职业教育也积极对接国家对外开放战略,积极探索在"一带一路"沿线国家建立分校和"鲁班工坊",在服务"一带一路"国家倡议及全球职业教育顶层设计中发挥越来越多的作用。

(三)我国高等职业院校境外办学的发展机遇

1. 全面深化改革在教育领域的推进

40多年的改革开放,我国深入参与经济全球化和区域经济一体化进程,已发展成为世界第一大贸易国、第一大出口国和第二大进口国,我国已逐步建构起全方位、多层次、宽领域的对外开放格局。2019年党的十九届四中全会审议通过的《关于坚持和完善中国特色社会主义制度、推进国家治理体系和治理能力现代化若干重大问题的决定》标志着我国将实施更大范围、更宽领域、更深层次的全面开放,从国家层面明确了要继续深化教育领域综合改革。

职业教育国际化既是推进对外开放走向纵深的产物,同时也是持续推进对外开放的助力。在这一进程中,我国职业教育要坚持顶层设计,发挥政策引领,深入理解和把握好《关于加快发展现代职业教育的决定》《关于做好新时期教育对外开放工作的若干意见》《推进共建"一带一路"教育行动》等国家政策要求,要紧密对接产业需求,对照《中国制造2025》,开发与国际先进标准相对接的职业教育课程体系,积极参与制定职业教育国际标准,加快国际化通用人才的培养,进一步提升我国职业教育在世界的地位。

2. 经济结构转型升级与第四次工业革命创造的良好外部环境

经济结构转型和新常态下"三去一降一补"的供给侧结构性改革推动了经济结构的优化,我国劳动密集型、资金密集型行业正缓步向国外转移,第三产业在 GDP 中所占的比重逐年增长。经济结构的转型升级和企业对于技术创新的依赖度不断提升,科技进步在 GDP 中所占的比重逐年提高。2019 年,我国科技进步贡献率达 59.5%,中国对全球经济增长贡献率达到39%;2020 年,中国成为了 G20 国家中唯一实现经济正增长的国家。因此,中国经济结构调整与转型升级不只是我国经济在发展到一定阶段后的自我革新,同时也是应对第四次工业革命,顺应世界经济智能化、信息化发展的重大举措。

我国职业教育发展要积极应对经济结构转型升级引发的技术技能人才的国际竞争,加快构建现代职业教育体系,培育"具有国际视野,能够促进国际理解与包容、具有责任感的公民"。尤其是要与"一带一路"沿线国家共商共建区域性职业教育资格框架,逐步实现就业市场的从业标准一体化以及探索建立沿线各国教师专业发展标准的愿景,推动我国职业教育主动适应经济结构调整和助力外向型经济的发展。

3. 利好政策的出台为境外办学创造条件

长期以来,我国十分重视高等职业教育的发展,先后印发出台了诸多鼓励引导高等职业院校国际化发展相关的政策措施。2011 年,教育部印发《关于推进高等职业教育改革创新引领职业教育科学发展的若干意见》,明确高等职业学校要自觉服务国家"走出去"战略,不断提高国际影响力。2014 年,国务院印发《关于加快发展现代职业教育的决定》,明确要求我国职业教育加速国际化发展,特别是要积极配合中国企业及产品"走出去"并实现与之相配套的职业教育发展模式。2015 年,教育部发布《关于深入推进职业教育集团化办学的意见》,提出职业教育要主动加强与跨国企业、国(境)外院校合作,提升我国职业教育国际影响力和产业国际竞争力。2019 年,教育部正式启动"中国特色高水平高等职业学校和专业群建设计划",明确将提升国际化水平列为重大改革发展任务。

党的十八大以来,我国对新时期教育对外开放的要求不断提高,并发布包括《关于做好新时期教育对外开放工作的若干意见》《推动共建丝绸之路经济带和 21 世纪海上丝绸之路的愿景与行动》《2015—2017 年留学工作行动计划》《推进共建"一带一路"教育行动》等在内的重大政策文件,从建设理念、建设目标及实现路径等方面为高等职业院校开展境外办学指明了方向,也为进一步深化国际交流合作,加强职业教育对外开放,创造了良好的政策环境。

4."走出去"企业迫切的人才需求为境外办学提供动力

随着"一带一路"倡议的提出,对"一带一路"沿线国家和地区的投资正成为我国对外经济合作的亮点。围绕"一带一路"倡议的大量基础设施建设给我国企业海外发展带来重大机遇的同时,也对技术技能人才的供给提出了新的需求,为我国高等职业院校走出国门、开展教育国际化提供了重大契机。根据商务部网站数据,2020 年 1—10 月,我国企业在"一带一路"沿线对57 个国家非金融类直接投资 983.4 亿元人民币,同比增长24.8%(折合 141.1 亿美元,同比增长 23.1%),占同期总额的16.3%,较上年同期提升 3.6 个百分点。

我国与"一带一路"沿线国家在经济领域的广泛合作,促进了我国企业"走出去"的步伐不断加快,也为我国高职院校开展境外办学创造了良好的外部机遇。只有推动我国职业教育"走出去",立足于沿线国家和地区,为"走出去"企业培养大批懂汉语、有技能、熟悉中国装备、能够融入中资企业文化、满足企业发展需求的本土化人才,为"走出去"企业就地育才,并做好人才储备,才能切实提高劳动生产率,扭转竞争劣势,增强"走出去"企业的经济效益,确保"走出去"企业真正扎根沿线国家和地区,走得好、走得稳。

二、我国高等职业院校境外办学的重大意义

（一）高等职业院校境外办学是响应国家发展战略,构建人类命运共同体的需要

2013 年,国家主席习近平提出共建"新丝绸之路经济带"和"21 世纪海上丝绸之路",即"一带一路"的合作倡议,成为我国积极参与全球开放合作、促进全球共同发展、推动构建政治互信、经济融合、文化包容的人类命运共同体所贡献的中国方案。截至 2020 年 1 月底,中国已经同 138 个国家和 30 个国际组织签署了 200 份共建"一带一路"合作文件。通过"一带一路"合作倡议,我国同沿线国家在政策沟通、设施联通、贸易畅通、资金融通、民心相通各方面的联系也在发生着日新月异的变化。在这"五通"之中,民心相通是根基,主要依靠的是人文交流、教育交流。围绕"一带一路"建设需要,我国职业院校在沿线国家开展境外办学,对接当地产业需求,传播优质教育资源,致力于培养促进两国友好合作的技术技能人才,积极服务国家发展战略,在深化与沿线国家文化合作、夯实各国民意基础方面贡献自己

的智慧与力量。2019年9月,中国高等教育学会发布《高等学校境外办学指南(2019年版)》,文件明确了高校境外办学要服务于人类命运共同体建设,要自觉服务"一带一路"建设。因此,大力推进我国高等职业院校境外办学是响应国家发展战略的需要。

职业教育境外办学是与各国分享中国职业教育一流资源、一流经验和创新成果,在共建共享中提升中国职业教育的国际参与度,增强全球职业教育治理的中国话语权,体现中国职教者的国际担当,树立文化自信。这是职业教育境外办学在构建人类命运共同体伟大实践中的特殊贡献。职业教育境外办学彰显了构建人类命运共同体的特殊价值。

(二)高等职业院校境外办学是助力我国企业"走出去"的必然要求

在推进"一带一路"建设的大背景下,我国与沿线各国在港口、铁路、公路、航空、通信等领域开展了诸多合作项目,有效提升了沿线国家的基础设施建设水平。但同时,我国企业"走出去"也面临很多难题,如沿线多数国家当地劳动力受教育水平及技能水平低下,难以满足企业岗位需求,迫切需要在海外培养合格的劳动者。而职业院校输出的技术技能人才恰好在一定程度上缓解了企业在海外"用人荒"的压力。因此,高等职业院校境外办学为我国企业海外发展提供了智力支撑,大大削减了企业的劳动力成本。因此,大力推进我国高等职业院校境外办学是助力我国企业"走出去"的必然要求。

(三)高等职业院校境外办学是树立我国职教自信,推进我国职业教育国际化的现实要求

高等职业院校境外办学将我国较成熟的优质教育资源和教育品牌推广到其他国家,尤其是"一带一路"沿线国家,助力当地职业教育多元化发展,促进当地经济结构转型升级。同时,这也是我国高等职业院校开发推广国际化专业课程标准,提升我国职业教育品牌,在职业教育领域贡献中国智慧与中国方案的过程。

我国职业教育走国际化的发展道路是国家战略,也是历史发展的必然趋势。2014 年《现代职业教育体系建设规划(2014—2020)》明确指出了"有计划地学习和引进国际先进、成熟适用的人才培养标准、专业课程、教材体系和数字化教育资源,实施跟踪和赶超战略,鼓励职业院校与国外高水平院校建立一对一合作关系"。2019 年国务院颁布实施的《国家职业教育改革实施方案》也明确提出了要"建成覆盖大部分行业领域、具有国际先进水平的中国职业教育标准体系"。"借鉴国际职业教育培训普遍做法,制订工作方案和具体管理办法,启动 1 + X

证书制度试点工作","培训评价组织应对接职业标准,与国际
先进标准接轨,按有关规定开发职业技能等级标准"。以境外
办学为平台,广泛地吸收世界各国的先进职业教育及管理经验,
不断提升中国职教品牌在世界上的影响力,加快我国职业教育
国际化的步伐。

(四)高等职业院校境外办学是我国职业院校提升办学水
平,走内涵发展道路的必然选择

新中国成立以来,我国职业教育从初创到成熟,已经进入了
强调内涵式发展的职教 3.0 时代,从追求规模扩张走向质量提
升。面对日益激烈的竞争,职业院校要增强自身的危机意识,拓
宽国际化视野,开展自我革新,走出"舒适圈",主动寻求破解方
法以求得生存与发展。

职业教育是技术教育,而技术标准和技能人才培养最具国
际流通性,跨境培养和全球就业是职教资源和人力资源丰富国
家的必由之路,必须互学互鉴,共建共享。因此,高等职业院校
境外办学不是一个单向输出资源的过程,而应通过对照或引进
输入国的职业教育标准、教学模式、师资聘用等内容,有针对性
地学习外国先进的教育教学方法和管理模式,实现优势互补合
作共赢。境外办学加快了学校办学体制机制革新,促进了优质
教育教学资源优化重组,促进了学校推进改革创新,提升了办学

的积极性和主动性,有利于提高我国职业院校的办学水平和发展质量,实现学校的内涵发展。

三、我国高等职业院校境外办学的现存困境

我国职业教育经过近十年的国际化发展历程,逐渐形成了具有中国特色、符合中国现实的职业教育发展体系,与世界先进水平之间的差距在不断缩小,在世界职业教育领域的影响力不断提升。为深入了解我国高等职业院校境外办学现状、困境及未来期望等情况,我课题组特开展了"关于我国高等职业院校境外办学现状的调研"。此次调研面向全国开设境外办学项目的高职院校,以电子问卷形式进行,共收回有效问卷 38 份。现将调研结果及分析总结如下:

(一)发展不均衡

1. 办学院校分部不均衡

开展境外办学的高职院校主要分布在我国中东部经济相对发达的地区,这些地区普遍具有沿海区位发展优势或区域职业教育发展优势,其中国家示范校及骨干校约占 45%,西部地区发展相对较弱。

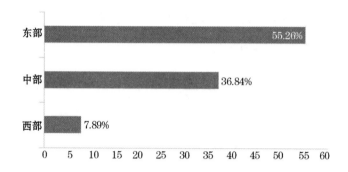

图 1　我国开展境外办学的高职院校地区分布

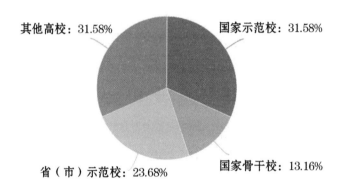

图 2　我国开展境外办学高职院校层次比例

2.境外办学地区分布不均衡

从调研数据来看,我国高等职业院校境外办学已覆盖了包括亚洲、非洲、美洲、欧洲等大洲,呈现出"遍地开花"的趋势,但在地区分布上并不均衡,主要集中在东南亚、非洲等国家。其中,94%以上的院校选择在"一带一路"沿线国家开展境外办学项目。

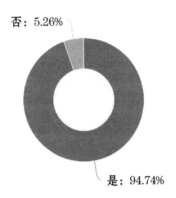

图3　我国高职院校在"一带一路"沿线国家开展境外办学情况

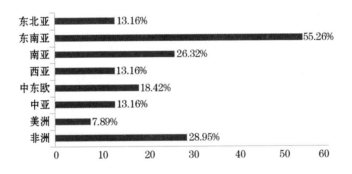

图4　我国高职院校开展境外办学全球分部情况

（二）办学不确定性大

境外办学易受多种因素影响，在复杂多变的政治、经济和文化环境下，办学风险和难度加大，办学成功与否存在极大的不确定性，导致学校境外办学动力不足。尤其受新冠疫情影响，18.42%的院校境外办学项目出现了中断，无法继续推进。

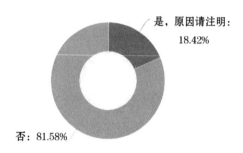

是，原因请注明：
18.42%

否：81.58%

图5　我国高职院校境外办学过程中断比例

（三）办学规模较小

从调研数据来看，目前我国高等职业院校境外办学的招生规模普遍较小，60%以上参与调研的院校境外办学项目在读生在100名以内，拥有1000名以上毕业生的境外办学项目占比不足11%。

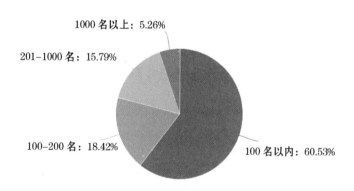

1000名以上：5.26%

201-1000名：15.79%

100-200名：18.42%

100名以内：60.53%

图6　我国高等职业院校境外办学在读学生规模

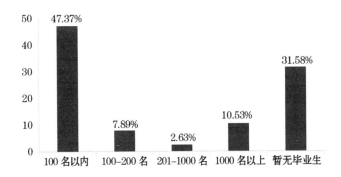

图 7 我国高等职业院校境外办学毕业生规模

（四）缺乏长远规划，可持续发展动力不足

当前，多数高职院校办学层次还停留在技术技能培训等技术输出层面，办学核心宗旨集中在提升学校国际影响力和配合中国企业"走出去"提供人才支撑。其办学目标是向合作国输出中国优质职业教育和中国优质产品技术，在当地培养熟悉中国技术、产品、标准的技术技能人才，实现中国标准、中国装备、中国方案的整体输出，尚未形成有自身特点的境外办学定位。同时，多数学校缺乏明确的境外办学发展目标和长期办学规划，这些都不利于我国高等职业院校境外办学的可持续发展。

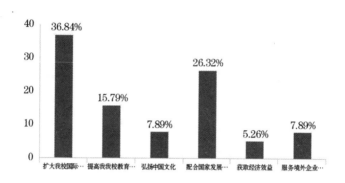

图 8 我国高等职业院校境外办学核心宗旨

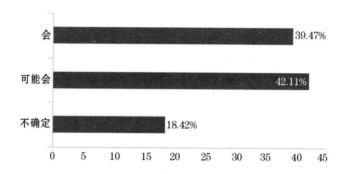

图 9 我国高等职业院校境外办学的未来扩大招生计划

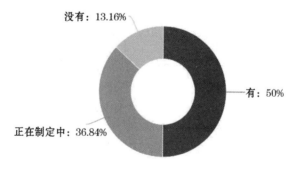

图 10 我国高职院校将境外办学纳入学校发展规划情况

（五）其他问题

除了上述问题之外，我国高等职业院校境外办学还存在与境外合作国文化环境差异、法律法规或政策限制、我国政府支持力度小、经费紧张及经费管理制约、招生困难、校企协同机制缺失等问题，严重影响境外办学项目的长期稳定发展，这些都需要境外办学者在开展境外办学项目过程中给予重视。

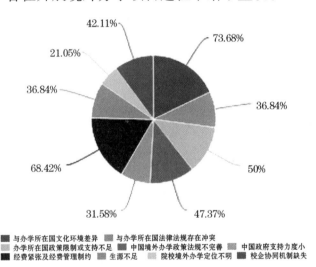

图11　我国高等职业院校境外办学过程中存在的其他问题

四、我国高等职业院校境外办学策略研究

针对上述高等职业院校境外办学过程中存在的诸多问题，拟从如下几个方面提出相应措施加以解决：

（一）在政府层面，加强顶层设计，完善制度建设

首先，政府应积极参与到高职院校境外办学的过程中，加强指导并给予政策上的支持与鼓励。

一是要制定高职院校境外办学的指导性文件，强化政策引导。2019年，中国高等教育学会在教育部指导下，在系统性地开展了高等学校境外办学课题专项研究的基础上，编写并发布了《高等学校境外办学指南（试行）（2019年版）》，从招生与学籍、教学与科研、教师与学生、教学质量评估、行政管理、财务与资产管理、跨文化管理、风险管理、协议与章程签署、办学场地选择、培养方案制定和报备及办学地许可手续办理等具体环节，对高等学校境外办学提供实操层面的技术指导。高职教育虽归属于高等教育，但仍有其自身的特点，因此政府应该有针对性地制定《高等职业院校境外办学管理办法》，具体规定境外办学准入标准、管理体制、学生入学资格、课程设置、学制、学位授予、质量保证、经费来源、师资队伍、退出机制等问题，帮助高职院校厘清境外办学思路，避免政策缺失导致的办学方向迷失，尽量少走"弯路"。二是加大政策扶持力度，做好境外办学项目的"后勤保障"，切实解决高职院校境外办学过程中的难题，如简化相关人员出入境审批程序、适当放宽资金投资限制措施等，积极鼓励推动高职院校立足实际情况开展境外办学。

其次,政府要统筹规划,进行科学合理布局,把握好教育输入国的境外办学监管制度和政策,了解该国对外国在当地办学的态度,然后明确是否在该国开展办学及相应的推进策略,把握好境外办学的大方向,掌好职教出海之舵。此外,要做好宏观指导以及跨部门之间的沟通协调,整合多方资源,形成合力,为学校、行业企业、科研机构提供平台牵线搭桥,开拓"走得出、留得住、办得好"的可持续发展的境外办学格局。

第三,政府要积极主导构建境外办学质量监控体系,加强境外办学质量监管。当前,世界各国都特别重视优质教育资源的引进和海外分校的办学质量,政府要着力引入独立的第三方机构积极开展境外办学项目过程性监督,开展包括项目合同签订、执行和绩效的监督,教学标准的制定与教学质量的评价,定期对境外办学情况做现场审查,包括学校办学硬件情况,如教室、图书馆、实训室、电脑网络设施、学生生活服务情况、招生及毕业情况、学生反馈信息、办学经济效益等内容,确保境外办学的质量标准,实现境外办学的教学水平和教育质量与国内保持一致,保护好我国高职教育在国际上的良好声誉。

(二)在行业企业层面,深度合作,积极参与院校办学的全过程

1. 企业要与院校全方位协作,参与共建海外分校全过程。在这一层面,校企合作的层次更深化,合作面也更加广泛。在政

府的引导下,企业要积极发挥自身在国外行业动态、人才储备、政策环境把握等方面的优势,为院校境外办学项目提供必要的经费、设备、实习实训场地的支持,帮助引导学校开发设置满足企业发展需求的学科专业。积极参与校园共建及跨境人才培养的全过程,通过与院校合作制定人才培养方案、建设开发教学资源、提供师生实践实训基地、推荐企业专家到校授课、开展过程性监督与评价等方式,参与到境外办学教学管理之中,深化校企合作,实现优势互补合作共赢。

2. 发挥行业组织在境外办学过程中的引导与服务作用。如前文提到的中国有色金属工业人才中心牵头,有色金属工业协会、有色行教指委等协调北京、吉林、哈尔滨、南京、湖南、广东、陕西、白银多所高职院校构建的有色金属行业职业教育"走出去"试点项目。有行业组织的参与,确保了沟通的实效性,有效把控了项目的进展情况,为职业院校境外办学提供了组织保障。

(三)在学校层面,打造特色品牌,走内涵发展道路

首先,明确办学定位,突出人才培养目标。科学合理的办学定位是高职院校境外办学发展的基础。一方面,在开展境外办学之前,高职院校一定要做好扎实的前期调研工作,尤其是对当地的法律环境、政策环境以及长期需求做好研究,明确自身专业

优势,做好科学谋划,统筹国外内资源,找准当地需求,做到"知己知彼",有针对性地确定境外办学的专业定位,避免恶性竞争和低质、重复建设造成的资源浪费。另一方面,高职院校要立足自身优势,努力发挥本身兼具高等教育和职业教育的双重特性,在学历教育、技能培训、语言培训和文化交流四个维度合理布局,树立全面育人的境外办学新理念,要以培养高素质技术技能人才为目标,构建职业技能与文化互鉴融合培养的办学理念。要强化在技术训练和能力培养中自然融入职业文化培养,要在学校的办学理念和育人理念中体现出职业精神的内涵。

其次,课程设置要突出办学特色、满足现实需求,授课形式要有灵活性。尤其是在"一带一路"沿线国家开展境外办学,必须要立足实际需求,做强"五通"所涉及的关键专业,积极开设沿线国家及企业发展急需的学科专业。同时着力深化校企协同,与"走出去"企业协作共同研讨制定境外办学的专业教学标准和企业工作标准,要将企业文化连同职业教育文化有机植入境外办学的每个环节,吸纳企业技术人员及专家参与课程资源开发和教育教学,提升办学针对性。要将职业教育文化培养贯穿专业课程始终,做到提升职业技能和锤炼职业精神"两手抓"。此外,结合后疫情时代给教育国际交流合作带来的冲击,高职院校要广泛利用信息技术开展线上线下相结合的授课方式,探索灵活多样的教学模式。

再次,强化师资队伍建设,加强境外办学能力建设。制定师资海外培训和中青年教师境外研修方案,鼓励教师海外进修,拓展国际视野,接轨重要行业产业的世界先进技术标准和趋势,增强教师的国际能力,即教师"掌握世界知识、国际学术知识和理解全球化及其影响,拥有开放和包容的态度,能在跨文化环境中与来自不同国家或文化的教师或学者进行有效的学术交流、合作及文化适应的能力"。聘请企业技术专家参与教育教学,拓宽教师聘用渠道,打造专兼职结合的国际化教学团队,提升师资队伍国际化教学水平和跨文化技能。考虑到境外办学多数地区的艰苦环境,高职院校要出台相应的激励机制,在岗位津贴、职称评定等方面对参与境外办学的教师予以优先考虑,激发教师参与项目的积极性。

第四,做好境外办学的跨文化管理工作,妥善处理文化冲突。高职院校在境外办学过程中要深挖教育国际化与本土化之间的逻辑关系,深刻理解境外办学的内涵,是优质职业教育资源的共享和合作交流,从而实现不同文化之间的理解与沟通,并以此作为跨文化交际桥梁,切实维护好双方长期良好的合作关系。简单地把我国的职业教育模式原样照搬到国外,无视国家地区间文化差异的做法是行不通的。高职院校境外办学要形成可持续发展、互利共赢的良好局面,在根本上要依靠两种文化价值的认同,进而实现双方职业教育文化的融合。作为境外办学可持续存在和发展的文化基础,高职院校首先,要对输入国当地文化,尤其是当地的职业教育文化形成全面的认知,客观分析可能产生文化冲突的情况,制定处置预案,强化境外办学利益相关方的联络沟通,增进输入国对我国文化的认知和接受程度,提高其对于我国的文化认同感,深化双方职业教育合作力度,助推职业教育融通。

第五,做好风险评估,增强自身抵御风险能力。高职院校开展境外办学不仅要考虑教育输入国的境外办学监管制度和政策,更要对该国的政治、经济、外交、文化、宗教、法律、海关、税收等方面进行事前风险综合评估及预测,全面论证办学可行性,对潜在风险和可能遇到的问题做好应急预案。倡导同一区域开展境外办学的院校建立国别风险分析共享机制,实现院校间合作互助及资源共享。要做好事中风险监控与预警,事后风险应急处置,将境外办学可能遇到的各类风险降至最低。

此外,如国际形势频繁变化,有可能影响两国之间的交流与合作,这是最大的不确定因素。因此,我国高职院校开展海外办学时要与当地学校合作,所培养的学生应拥有当地学校的学籍,同时向学生发放国内院校的毕业证书,从而降低海外办学风险。

院校还需凝聚多方力量,拓宽办学资金筹措渠道。如向政府申请境外办学专项资金支持、与行业企业协调筹集定向办学资金或接受社会组织及爱心人士的资金捐赠等,依靠稳定的经费支持境外办学的可持续发展。

(四)积极探索多元办学主体实施方案

除了上述谈到的要借助政府、行业企业、学校自身的力量开展境外办学之外,其他一些社会力量,如社会捐赠、科研机构的理论研究及成功办学经验的宣传与推广等,也可以作为参与境外办学的力量来源,集思广益,实现办学成果最优化。

综上,我国高等职业教育发展水平是我国产业发展与教育发展的双重体现。高等职业院校境外办学不仅是为教育输入国提供职业教育的中国方案、推广中国行业标准,更肩负着传递友谊、沟通民心、助力构建人类命运共同体的重任。在此过程中,双方应在平等互利的基础上开展合作,加强沟通交流,及时并有针对性地解决办学过程中出现的各种问题。

第四章　我国高等职业院校
境外办学的域外借鉴

西方职业教育发达国家开展境外办学起步较早,通过梳理、归纳外国开展跨国教育、发达国家高等院校设立海外分校的成功经验,切实对有关国家境外办学的特点与创新之处加以分析,学习其在办学理念、人才培养模式、课程建设等方面的先进经验,为我国高职院校境外办学提供理论与实践的借鉴。因此,研究和学习境外办学发展历史比较久远、经验比较丰富的英国、美国、澳大利亚等国的海外分校办学模式就凸显意义重大。

一、境外办学发展史及办学运行模式概述

（一）境外办学发展史

1. 萌芽起步期(17 世纪至 20 世纪 40 年代)

第一次工业革命以后,西欧列强通过向外殖民扩张打开了

国际市场。殖民地宗主国凭借其自身的地位在殖民地国家开展办学,传播西方文化、教授英语等欧洲主要国家语言。

英国是最早开展海外办学的国家,其办学目的是实现英国在海外殖民地的统治。英国是曾经的日不落帝国,在全球曾拥有众多海外殖民地。为达到统治目的,英国殖民者往往在殖民地建立英式大学培养效忠并助力英国殖民管理的社会精英。例如,1636 年英国在美国的马萨诸塞州建立的哈佛大学,就是效仿了英国剑桥大学的模式,无论课程设置还是教学模式两者并无二致。与之类似的,还有多伦多大学、新西兰大学、孟买大学等。1783 年,美国宣布独立。在此之后,美国积极效仿英国拓展海外殖民地。作为西方列强的后起之秀,美国先后在土耳其、黎巴嫩、埃及都设立了美国大学,这类大学效法美国文理学院的办学模式。

最早期的海外分校大都是殖民地宗主国的殖民扩张产物,并不是现阶段我们讨论的在经济全球化发展和高等教育国际化发展背景下的境外办学。这里仅作为历史沿革的一部分进行简单描述。

2. 渐进发展期(20 世纪 50 年代至 90 年代末)

自第二次世界大战直至苏联解体,在这世界政局动荡的 50 年中,世界政治、经济、文化发生了剧烈变化,作为高等教育国际化发展缩影的境外办学也由此经历了不同的发展阶段。

第一个阶段是自第二次世界大战之后到 20 世纪 70 年代。这个时期,殖民地国家纷纷独立。这些独立后的殖民地国家急于发展建设,而仅凭国内高等教育又无法满足自身发展需要,从而转向海外办学。以美国、英国等原殖民地宗主国为代表的西方国家在海外建立分校。

第二阶段是 20 世纪 70 年代至 90 年代初。这个时期由美苏争霸直至苏联解体。20 世纪 70 年代,美苏争霸到达顶峰。美苏两国针锋相对地向各自阵营的其他国家提供教育援助,通过开展海外办学和派遣专家的方式提升当地教育水平。据不完全统计,苏联曾向其他社会主义国家和亚非拉地区的 40 多个国家提供了教育教学援助。

第三阶段是 20 世纪 90 年代初至 90 年代末。代表性事件是 1991 年苏联的解体。随着苏联轰然崩塌,美国自此确立了世界独霸地位。世界政治格局逐步稳定,经济与教育得到了空前发展。这一时期的海外办学日趋多样化,办学模式由援助模式进入了市场化模式。英美率先实行以营利为目的的市场化运作,对海外院校的学生实行全额收费。而澳大利亚、新西兰、加拿大也随之纷纷采取相同的策略,开始建立各自的海外分校。这个阶段的海外分校遍布非洲、亚洲、中东地区以及南美洲地区。至90年代末,全球各类海外分校超过50所。

3. 蓬勃发展期(20世纪90年代末至今)

自20世纪90年代末,随着冷战终结,各国之间的经济竞争日趋激烈,各国政府认识到高等教育与国家利益密不可分。这个时期,以亚洲四小龙为代表的亚太国家得到了飞速发展,逐步走向现代化和国际化。因其国家经济实力的增长以及历来对西方高等教育的认同,这些国家纷纷主张欧美高校在当地设立海外分校,其办学数量、学生规模不断扩大,办学模式呈现多样化。

进入21世纪,高新技术引领了第四次产业革命。亚洲各国抓住机遇成为世界经济最活跃的地区。中国、韩国、日本、新加坡在大量输出留学生的同时,也正在积极通过开展境外办学的方式开拓海外市场。

(二)境外办学运行模式概述

1. 宏观层面

人们对境外办学的理解视角不同、研究侧重点不同,因此所定义的内容也不尽相同,这就增加了对这个概念的理解难度。本书根据各国高校不同的办学目标,进行了归纳。主要有以下几种形式:

一是以为母国网罗全球优秀人才为目标的境外办学模式。近年来,美国高校通过开办海外分校发现和吸引当地优秀生源,为其提供转入美国本土学习或攻读研究生的机会。

二是以境外教学质量体系为核心竞争力的境外办学模式。澳大利亚政府于 2005 年制定并出台了跨国教育质量战略框架性文件以及境外机构质量评估体系,保证了境外教学质量始终处于高水平。

三是以打造高品质的师资队伍为引领的境外办学模式。德国高等职业院校开展境外办学强调师资团队一般由德国本土专家主导,团队成员通常具备赴德培训经历,熟悉德式企业运作方式。

四是以强化融通联系为主要任务的境外办学模式。法国职业院校在培养职业技能的同时,更强调对海外学生的法语语言培训,以及文化多样性的认知认同。这主要是促进法语系国家之间的融通交流,巩固法国在国际上的统合影响力。这类境外办学主要开设在北非、亚洲、东欧等法语系国家。

2. 微观层面

(1)海外分校模式

早在 20 世纪 80 年代,美国、英国和澳大利亚逐渐开展境外办学;90 年代,联合创办或独立创办海外分校的方式加快了境外办学的进程,虽然美国是当时创办海外分校数量最多的国家,但是其真正意义上为外国留学生创办的海外分校则很少;到了

21 世纪,澳大利亚的海外分校发展则超越美国,成为先锋。海外分校模式在很多发展中国家和东欧国家比较普遍,输出国主要是美国、澳大利亚、英国、德国、法国等;而输入国则主要是马来西亚、新加坡、以色列、中国、印度等亚太地区国家。

关于海外分校模式的研究,美国学者一直走在前列。美国纽约州立大学阿尔巴尼分校的"跨境教育研究小组"认为,海外分校是一所由外国高等教育机构拥有或部分拥有的实体,它以外国高等教育机构(母体高校)的名称经营,提供完整的学术课程,且以面对面授课为主,并获得有母体高校颁发的学位。美国学者格林·埃克尔(Green Eckel)认为,海外分校等同于跨境教育,它包括所有在海外举办的高等教育学习项目、系列课程、教育服务(包括远程教育)等;这些项目由主办高校独立举办或者与教育输入国当地机构联合举办;由高等教育输出国授予学位。因此,可将海外分校界定为:一个国家的高校在另一个国家建立一个分支校园,向当地学生提供课程并授予母体高校学位的办学机构。

(2)独立大学模式

独立大学由海外分校发展而成,是一种新兴的境外办学模式。独立大学并不是作为母校的分支机构,而是由合作国许可,通过国际合作开发的独立的机构。独立大学作为独立机构无须受到母体院校或机构的限制,有完全的发展自由,同时既可以借助输出国的优势、又可以了解所在国的本土特点和需求,较容易获得办学成功。

(3)联合课程模式

这种模式下,参与办学的高等教育机构之间可以互认学分,并且可以授予联合学位或双学位。联合课程通常为高等院校联合开发的课程,课程内容及学分也是可以相互认可的。

20 世纪 90 年代以后这种模式发展较快,欧盟多个国家的高等院校均采用这种联合课程模式,并积极参与联合学位课程的开发。跨越国界的双边或多边联合学位培养模式的出现就是该模式获得成功的突出案例,如法德大学、意法大学等。最为常见的学科为经济、工商等,较为常见的为法律、管理、传媒、外语和社会科学,难以开展联合学位培养的专业为建筑、医学等。

(4)特许办学模式

跨国教育集团和高等教育机构把特许经营的商业模式与境外办学理念相融合,提出了特许办学模式。赵丽在《跨国办学的理论与实践研究》中提出,特许办学是指一国的高等教育机构授权本国或者第三国的高等教育机构使用授权者的品牌,在其他国家开设全国高等教育机构的课程,授予学位资格。比如,微软授权的私人国际培训公司使用微软认可的培训人员和正式教材;英孚集团在世界各国的语言培训机构或连锁学校。这种模式适合规模较小、力量较弱的投资办学者。

(5)远程学习(虚拟大学)模式

远程学习或虚拟大学,是指学习者通过网上传递获取学习所需的相关资料,并由学习者自我组织学习的过程。这是由传统的课堂教学转化为以互联网为媒介开展教学的模式。

二、有关国家高等职业教育境外办学分析

(一)英国

作为早期的殖民大国,英国海外殖民过程就是其向外输出教育的过程,这是英国在知识殖民意识方面的具体体现。英国大学的办学有很多独树一帜的特点,使其成为被世界各地其他大学效仿的对象,主要体现在课程、教学、考试等方面。英国境外办学始于19世纪中叶,是世界上最早开展境外办学的国家。依托自身专业优势和长期发展积累的丰富经验,英国依旧是境外办学领域最为主要的力量之一。

目前,英国境外办学主要是设立独立的海外分校,依托双边合作关系与境外大学共建合作大学,辅以开展非学历教育和职业技能培训的教学中心。除了上述三种典型的境外办学模式以外,英国高校还积极顺应互联网时代发展,构建起了全球性的虚

拟大学。

1. 主要现状

一是设立海外分校。英国作为输出国,其本土高校在另一国家建立分支校园,并以此校园为实体媒介向当地学生提供课程并授予英国总校学位的办学机构。英国的海外分校有两类:英国本土大学直接在海外单独创办分校,如德蒙福德大学在南非的海外分校——德蒙福德大学商学院;还有一种是英国大学与当地教育机构参照英国大学标准共同创办海外分校,如我国宁波诺丁汉大学分校是宁波万里学院与诺丁汉大学联合创办的。

二是依托双边合作的合办大学。即英国大学与某国大学充分结合各自优势,共同在当地创办一所新的大学,接受两国高等教育质量认证。合办大学的毕业生可获得英国及合作国颁发的学业证书和学位。例如西安利物浦大学是由中国西安交通大学和英国利物浦大学于 2006 年在中国创办的中外合作大学。

三是以满足当地专业技能培训需求的教学中心。这是一种小型化的办学模式,一般是针对非学历教育开展的专业技能培训项目。所有海外教学中心获得英国总校授权开设培训,并严格按照英国总校设定的教学标准组织教学,英国总校定期派遣教师采用面授方式指导当地教学工作。如英国的计算中心与伦敦吉尔德豪大学进行合作,在七个国家和地区与当地的教育机构合作建立了多个计算机专业教学中心,对当地学生进行相关技能培训。

2. 特色分析与创新之处

英国是最早基于互联网创立虚拟大学的国家。相较于传统的函授教学、广播电视教学,虚拟大学是一种创新型的网络教学模式。它不同于传统函授教学通过邮寄印刷教材、录音教材等学习包给学生,也不同于广播电视教学将广播和电视教学、自学教材以开放式的方式向学生提供教学服务。它是真正的顺应互联网时代飞速发展的产物。

这是一种通过互联网构建起的虚拟大学办学模式,其核心是将英国大学本身与世界一流的教育资源进行再次整合、归纳,通过建立统一的线上教育资源标准向学生提供开放性的网络教学课程、网络教学资源等学习辅导服务。比如,2001 年英国创建的全球网络电子大学就是此类虚拟大学。

(二)美国

自 19 世纪下半叶,依赖其在世界政治、经济、教育等方面的地位,美国始终处于全球境外办学发展的主导地位。据不完全统计,目前美国高校在世界 40 多个国家和地区设立了境外办学机构、开展境外办学项目,这些国家主要集中在亚洲、中东、欧洲、拉丁美洲等,尤以亚洲和中东地区居多。在境外办学领域,尤其是在创办独立海外分校、共建合办大学等方面美国积极效法英国,并结合美国自身发展需要不断探索,形成了美国高校独特的优势和特点。

1. 主要现状

独立创办和联合创办是美国高等教育设立海外分校的主要模式。独立创办模式即母体院校单独设立海外分校的模式,如韦伯斯特大学在温哥华、日内瓦等开设的分校。联合创办模式则是输出国的母体高校与输入国政府或当地教育机构、企业联合创办分校,其目的就是发挥各自的优势与特色。这一模式下,海外分校主要参照美国本土大学的标准办学,包括课程设置、教学标准、考试及评价方式等。例如中山大学—卡内基梅隆大学联合工程学院。美国高校开展境外办学须经美国教育行政主管部门的严格审核,通过认证后,方可在境外开展招生、教学等工作。正是得益于美国行政部门的审批制度,美国高校实现了"统一归口、全球一盘棋"的全球办学局面。无论是哪个海外分校,学生的学习地点在世界的哪个角落都不会影响其学位的含金量,换言之只要该学校的学生在被认证的海外分校进行学习,无论是哪里的海外分校,其取得的学位均可获得美国本土大学的认可。

目前,美国高校海外分校的发展态势由单一输出模式转变为输出与输入的双向模式,换言之就是既有美国高校去他国设立海外分校,又有他国高校到美国开设海外分校。美国高校创办海外分校的资助形式也由全额资助转变为联合资助,即由母体高校提供全额资金创办海外分校的方式变为由当地政府或者公司企业提供部分物质或资金的支持协助其创办分校的联合创办方式,进而美国高校海外分校也由输出国高校独立经营转变为与输入国大学合作联合经营。

2. 特点分析与创新之处

美国高校普遍认为实现自身国际化与市场化的主要途径是境外办学,而各类境外办学模式中又尤以设立独立的海外分校最受美国高校青睐。这样的海外分校大体上可以带来两个方面的利益:一是通过创办海外分校为美国高校获取直接经济利益,并以此反哺不断增强办学实力;二是切实提升了美国高校的国际化程度,提高了美国高校在全球的国际影响力和竞争力。

细致分析不难发现,美国高校境外办学的真正目的是实现美国的国家利益,即为美国保持全球领导者地位网罗全球精英和优秀人才。随着创办海外分校深度和广度的扩展,美国高校境外办学的发展并不局限于单向输出的模式,而是输出与输入同时发展的双向模式,既有美国高校输出海外分校,又在海外办学过程中通过提供科研经费将别国高校顶尖科研专家和优秀人才网罗到美国,开展世界尖端科研和学术领域研发工作。近年来,美国高校又通过海外分校挖掘和吸引优秀生源,为其提供转入美国本土学习或攻读研究生的机会,为其中的佼佼者提供优秀学生奖学金,助其在美国求学甚至就业。

(三)澳大利亚

澳大利亚境外办学始于 20 世纪 90 年代。发展至今,澳大利亚在国际教育市场上已经占据重要的一席之地,不仅海外分校开设的数量名列前茅,在成功经验成果转化方面也是首屈一指。

1. 主要现状

澳大利亚将高等教育视作新兴的教育服务贸易产业,旨在鼓励教育机构占领国际市场,鼓励海外分校的毕业生到澳大利亚以自费留学的方式继续进行深造,澳大利亚主校以此获得经济利益并实现不断发展壮大。同时,由于比邻亚洲占据着先天的地理优势,澳大利亚积极促进与亚太地区国家之间的教育合作与交流,注重在境外办学过程中不断提升本国高等教育核心竞争力,极力拓展在东亚和东南亚的教育市场版图。澳大利亚境外办学模式基本仿效了英美模式。在 1984 年,政府发布《杰克逊报告》正式明确高等教育产业化,高等教育要向海外输出,所以在办学类型方面更加丰富多样。总体上讲,澳大利亚的综合性大学、公立理工大学、各类职业院校和语言培训机构都在积极开展境外办学,或设立海外分校或参与境外办学项目。境外办学所开设专业也都主动迎合学生需要,集中在经济管理类方面。

2. 特色分析与创新之处

受产业化因素影响,澳大利亚境外办学注重规模和数量,但在具体办学操作上又十分审慎。特别是设立海外分校,澳大利亚高校将其视为风险和投入双高的海外办学项目,项目调研阶段特别重视对国际教育市场发展情况的现状分析和预测趋势,将其视为其境外办学成败与否的关键因素。

澳大利亚政府于 2005 年出台了跨国教育质量战略框架性文件,并建立了境外机构质量评估体系,以保证境外教学质量始终处于高水平。澳大利亚高校将保持高质量的境外教学质量体系视为其境外办学的核心竞争力。在高质量的教学体系建设上,澳大利亚高校主要做了两个方面的工作:一是重视课程设置,二是合理配置师资。

在课程设置方面,澳大利亚高校一致认同境外办学的课程质量在很大程度上影响其母体大学的声誉,直接影响其国际竞争力和影响力。所以,澳大利亚高校总是将总校优势最突出、办学能力最强的专业植入到境外办学中,乐于开设凸显学校优势学科的课程。此外,还会结合当地社会发展需要,适时调整办学定位,积极开设实用性强的实践课程服务学生就业。

在师资配置方面,澳大利亚境外办学师资配备合理、巧妙。这些高校善于将短期外派的澳大利亚本土教师与长期聘用的当地教师整合起来形成默契。比如,莫纳什大学制定的"莫纳什校区间师资流动项目"就是为了促进输出国的母体院校教师在母校和海外分校之间灵活流动,积极鼓励母校教师到输入国的海外分校进行教学和相关管理工作。通过实践和不断改进,这个项目取得了不错的效果。

（四）德国

1. 主要现状

德国境外办学主要是在联邦教育与科研部支持下,由德意志学术交流中心主导发展起来的。经过十几年的发展,德国境外办学凭借其独特的发展理念和发展模式取得了巨大成就。不同于英美澳等国家境外办学的特点,德国的境外办学更具有国家层面的战略意义,专业以工科、自然科学为主,教学研相结合。其境外办学的主要模式除常见的合办专业、设立海外分校以外,还包括德国高校、德资企业支持设立境外的独立大学。

2. 特色分析与创新之处

德国将境外办学视作国家整体对外战略发展的核心要素。

2017 年德国政府出台了最新的"教育、科学和研究国际化战略"。德国高校迅速对此做出反应,积极开展境外办学。与英美澳等国不同的是,德国境外办学有政府的财政支持,其境外办学目的并不是为了提高政府收入。从经济角度而言,德国的境外办学是为了满足当地的本国公司或企业对人才的需求。从社会效益角度而言,德国想通过境外办学提升本国高等教育的国际知名度和声望,并将境外办学作为外交政治的组成部分。德国积极开展境外办学,既加强了教育理念的传递和交流,也促进了不同文化间的交流和理解。

（五）印度

1. 主要现状

印度境外办学态势发展迅猛,是目前海外分校输出数量最多的发展中国家。作为区域性大国,印度政府为确保其在印度洋地区的文化核心地位,采取多种形式提升高等教育的国际竞争力和影响力以及文化软实力。自 20 世纪 90 年代以来,印度已在马来西亚、阿联酋、澳大利亚、新加坡、尼泊尔、毛里求斯等国创办了多所海外分校。

同时,作为世界人口大国,印度通过创办海外分校在海外施加教育影响力的同时,还通过这一方式解决了其自身面临的高等教育问题。印度海外分校具有高度办学自主权,一是逐年提高学费标准,并招收在印度考试落榜转移而来的本国学生,以此增加办学收入;二是为特定种姓和部落的学生预留入学名额等。

2. 特色分析与创新之处——以阿米提大学为例

一是注重教学质量保障体系建设。阿米提大学既重视高校内部教学质量保障体系的建设,也积极参与国际质量认证。

二是强调创新精神。阿米提大学着力办学理念创新,通过打造创新型国际教育平台使学生得到创新精神与创新能力的双提升;同时,推动专业与课程创新,加大高科技人才培养力度,在专业建设和课程设置方面,围绕创新型产业需求突出培养学生的创造力和创新能力。

三、我国高等职业院校境外办学的域外借鉴

很多国家在境外办学方面起步早,已经形成并积累了先进的办学经验,可供我们学习。通过研究其境外办学的特点和创新之处,可以为我国高职院校境外办学发展提供借鉴。

(一)英国

1. 要确保优质属性

英国伦敦大学是一所历史悠久且享有盛誉的英国大学。同时,它也是第一所具有境外学位授予权的英国大学。这样的一所大学,虽历经数十年境外办学发展,规模、形式、毕业生人数不

断攀升,但其世界排名、美誉度和教学质量一直保持着世界一流水平,归根到底是因为其始终坚守严谨治学的办学宗旨。

对于我国高等职业院校而言,要实现境外办学的可持续发展,必须要确保我国开展境外办学的高职院校具备世界先进职教水平的优质属性。要通过境外办学提升我国职教的国际影响力,要逐步树立具有国际竞争力的中国品牌,逐步建立被国际认可的中国标准,进而为全面拓展海外市场做好坚实的基础。因此,作者认为高职院校在不断优化自身办学水平的同时,还需要两个方面的外部支持条件。一是要从国家总体安全观的高度,由教育主管部门做好顶层设计,要为境外办学有序开展提供政策指导,要从大国外交层面给予高职院校出海指导,充分发挥风险警示作用;二是要结合职业教育特点,培育政府主导,学校、企业、科研机构和行业协会多方参与、内外结合的评估机制,建立职业教育国际合作信息化认证平台。

2. 妥善处理"国际化与本土化"关系

英国诺丁汉大学宁波分校是践行国际化与本土化融合的典型例证。考虑到中国发展实际,诺丁汉大学在引进英国课程体系的同时,对课程内容进行了系统全面的中国化,甚至创设了宁波分校独有的工商管理系列课程,这是英国大学境外办学丰富经验的体现。通过结合所在国的社会发展实际,有效利用自身优势,实现国际化与本土化的完美结合。

这里所谓的"国际化"是指我国高职院校"走出去"的实现方式,"本土化"是指在境外办学过程中要采用切合当地需求的发展方式,两者在境外办学实践中缺一不可。妥善处理好"国际化与本土化"关系将有助于境外办学项目在海外的"落地生根"。中国职业教育"走出去"切不可"照搬硬套"老经验、旧模式,要善于创新、主动作为。作者认为重点从两个方面入手:一是要开阔视野,善于学习借鉴合作国先进的职业教育理念;二是要将中国职教的优质教育资源,有机转化为符合合作国民族特征、文化特色的本土化教育资源,增强职业教育的耦合价值。

3. 以制度建设保障境外办学高水平运行

英国大学在大规模发展境外办学的同时,总体上其办学质量并没有明显下降。这源于英国高等教育拥有一套完善的境外办学质量评估机制。年度审核制度是英国教育部门对高校实施海外办学质量评估的主要方式,通过专业评审团对所有英国大学境外办学的质量进行评估,有效保证了英国大学境外办学质量一直保持着较高标准。

我国海外办学过程中,要重视高校的办学质量管理和监控,积极建立符合我国高等教育发展特点的质量评估体系,做好常态化监测和管理。要主动对标世界先进教育水准,促进我国高职院校境外办学教学整体水平健康向上发展。此外,要加强与国外职教专业评估机构的合作与联系,实行联合质量评估,以客观公正的态度不断为我国高职院校境外办学提供评估依据和专业指导。

(二)美国

1. 转变国际化发展理念

美国高校为满足其拓展市场的需求,扩大招收海外留学生。与此同时,借助自身的职业教育品牌,积极发展新型教育出口方式,如合作办学、远程教育、海外分校。通过这些境外办学的尝试,有力提高了美国高等教育的国际声誉,提升了自身的国际市场竞争力和影响力。总体上讲,美国高校的海外分校设立的目标就是既重视海外分校的数量增长、更重视海外分校的办学质量。我们必须要认识到,中国高等职业教育并不是单向的"走出去",而应该是全球视野下的职业教育合作与交流,既满足国内对国际化技术技能人才的需求,也要把中国经验、中国智慧、中国方案与全球共享。换言之,这种国际化,应该是职业教育经验的共享和融合,以及在此基础上的创新。因此,我国高等职业院校境外办学不只是教育问题,更与国家政治、外交、安全密切相关,并且充满挑战与不确定性。境外办学者要提高站位,从国家战略的高度充分认识职业教育"走出去"的重要意义。

2. 注重课程体系建设

美国高校开展境外办学善于提升当地院校教育的核心要素,使其在课程设置、教学方式、师资水平、国际通用的职业教育资格证书等方面达到国际领先水平。

不可否认,要想在激烈的国际化竞争中站稳脚跟,我国高职院校既要重视自身发展,也要积极拓宽国际合作的广度和深度。这就需要我们不断建设和完善具有中国职教特色的国际化课程体系,要能够结合当地需求培养国际化人才,加强跨国界文化融合,增进当地对中国文化的认同感等;要坚持优质优先原则,优先开设国际化水平高的优势专业和特色课程,与合作国分享满足当地迫切需要的优质教学资源,要在教学设计、课程设置、教材开发、师资培训等方面开展校企全方位合作,将职业教育文化培养贯穿专业学习全过程,实现职业技能与职业精神的融合培养。

3. 注重培养适应国际化"教与学"的师资队伍

美国高等教育国际化的实施途径是实现的教师队伍与课程一致的国际化。这支教师队伍通常能够提供双语课程教学,还能够结合当地热点问题引发课程案例和学术探讨。

实现师资队伍的国际化与本土化是我国高职院校境外办学的核心要务。要做好以下三件事:一是实现当地员工的国际化与本土化。要优先招募当地教师和人员,运用中国先进的教育教学方式开展对当地学生的教育教学工作,这样可以最大限度地降低文化冲突在教学实践中的存在风险。二是要实现中方教师的国际化与本土化。国内公派教师不仅要是教学专家,还要具备高超的跨文化实践水平,这包括合作国语言水平、当地文化认知与适应力、中国文化的认知与传播力、跨文化冲突与应对能力等等。三是要实现中方管理者的国际化与本土化。中方管理者不仅要具备与当地政府、院校、企业开展合作的交流与协调能力,还要有超群的大外交视野及对国际关系、外交政策等外交大局的知识储备。

4. 注重培养学生的国际化水平

美国高等教育的国际化注重学生输入与输出的双向流动。对于我们来讲,既要注重派出国外的学生到海外进行学习,还要着力招募、吸引国际学生到中国完成学业、取得学历或学位。这样,增加了传播中国文化的输出机会,从而有助于扩大中国的国际影响力。同时,要着力提升专业核心课程的国际化水平,增加我国教育对国际学生的吸引力。课程体系的国际化既要突出本国视角又要凸显全球视角,建设符合国际化要求、满足输入国实际需求的课程,才能最终达到我国高职教育境外办学的可持续发展。

（三）澳大利亚

1. 建立健全国际化职业标准体系

国际化的职业标准体系是一个国家职业教育综合能力的体现，是塑造国家形象和提高国际认可度和影响力的重要手段。参照国际教育通行标准，澳大利亚率先建立了全国统一的高等职业教育标准体系，实现了其职业教育与培训质量的国际化、标准化。同时，澳大利亚积极参与国际标准的研究和制定，争夺职业教育国际标准制定的全球话语权。

目前，我国高等职业教育普遍缺乏国际认证的质量标准，尚未建立国际化的职业资格认证体系，这直接导致了我国在教育国际化竞争中处于劣势。我们迫切需要的是建立起一套完善的职业教育标准体系，同时要善于发挥全国职业教育技能大赛的国际影响力，要积极参与国际职教组织和国际职教标准的制定，鼓励高职院校开展双边或多边合作，举办各类国际职业教育论坛等。

2. 建立健全制度保障体系

建立健全各项制度体系是高等职业教育国际化的机制保障和有效驱动力。澳大利亚具有完善的教育国际化政策及法律体系、国际化合作统筹体系、信息平台和资源保障体系、海外学生社会服务保障体系。但是，我国高等职业教育国家化的相关政策和法规体系还需进一步完善,这是今后国际化发展的重要任务。同时,我国还缺乏针对不同层次院校的国际化办学的审核标准、质量评估体系、经费投入保障体系、国际化服务管理和保障体系。

最重要的是,要统筹全局全面做好国别评价体系建设。国别评价要通盘将"一带一路"沿线国家、区域全面经济伙伴关系(RCEP)成员国、东盟国家、上合组织成员国等与我国建立友好关系的各类因素加以量化分析,将有关国家分为首要区域、主要区域和一般区域三类。要从国家战略高度将那些亲华友华、双边贸易往来量大、物产丰富且符合我国国家利益、对我国产品需求旺盛且适合我国产能转移的有关国家纳入首要区域之中,其他国家根据量化结果依次递减列入主要区域、一般区域等。

3. 提升国际影响力

提升中国高等职业教育的国际影响力的关键在于树立品牌意识和提高品牌影响力。不可否认,要想在当前的国际化竞争中站稳脚跟,我们既要重视自身高等职业教育的发展,也要不断积极拓宽国际合作的广度和深度。提升自身优势的关键是把握好核心要素,要拿出中国职教的优秀成果和达到世界一流水平的中国技术装备,实现中国标准的专业、课程、设备的协同开发,要开设具有中国特色的国际化课程,培养符合输入国需要的国际化人才,注重培养适应国际化教与学的师资队伍。

（四）德国

1. 强化政策引导,加大政府支持力度

要从顶层设计层面,明确高职院校境外办学是职业教育国际化的重要组成,对国家战略具有重要意义。一是要在政策层面对境外办学给予系统引导,调动国家资源搭建境外办学资源共享平台,实现境外办学法律法规、法务咨询、国别风险预警、风险应急援助等各方面广泛支持;二是要加大政府财政支持,要在运营前期给予一定的资金保障,要实行年度评估制度并对优秀境外办学者给予奖励性绩效。

2. 换位思考,突破语言和文化瓶颈

任何一个国家开展跨国教育的目的之一都是为了实现更好的文化沟通和交流,加强彼此的认知和理解。我们应该重视语言对于境外办学的反拨作用,汉语和中国文化不应成为境外办学发展的瓶颈;反之,高等教育应该有效利用汉语和中国文化的特点,借助境外办学的平台,更好地推广中国文化。

（五）印度

1. 制定清晰的办学目标

印度阿米提大学境外办学发展刚刚起步,但是在建立之初就明确了清晰的发展目标即要打造国际化创新型海外分校。经济、社会发展的全球化要求高等教育只有实现自身的国际化,才有可能为海外分校的受教育者提供真正的国际化教育。我国高等教育境外办学也要进一步明确自身的发展目标——实现自身发展的国际化,进而为学生提供国际化的教育平台和环境。

2. 找准办学定位

阿米提大学境外办学强调"创新",跳出固化思维、摆脱英式学校办学理念和模式。依托 AKC 集团及其全球商业网络,阿米提大学充分实现产教融合,秉承"以就业为导向"的理念开展专业建设,确定专业、课程和人才培养目标。我国高职院校开展境外办学初期就应厘清自己的办学定位,充分研究校企协同、产教融合,为自身国际化的可持续发展提供助力。

3. 对标国际质量认证标准,保障办学高质量

阿米提大学通过参与国际质量认证评估,估海外分校的办学质量,对标国际质量体系标准,快速提升自身的国际化办学能力和业务水平,不断提高海外分校的国际声誉。我国高职院校要积极参与国际职业教育标准制定,掌握国际职教话语权,从而进一步提升国际化水平和国际化参与度,打造中国职教品牌。

第五章 "技能共享 + 文化互鉴" 境外办学模式的构建

在人类命运共同体理念的引领下,充分尊重各国发展实际,通过境外办学模式实现我国优秀职业教育资源和经验的域外共享,加深彼此文化认同,促进中外职教文化融通,达到构建我国职业院校"技能共享 + 文化互鉴"境外办学模式的目标追求。

一、"技能共享 + 文化互鉴"境外办学的核心概念界定

(一)关于"技能共享 + 文化互鉴"的内涵界定

"技能共享"就是与各国分享我国职业教育领域的教育教学经验和成果,并通过不断学习他国的职业技能成就实现共同发展;"文化互鉴"是在坚持中国文化立场的基础上,做好与合作国职业教育文化差异的分析与整合工作,实现中外职业教育

文化认同,营造和谐互赏的文化共生环境。"技能共享"是境外办学的主旨,"文化互鉴"是实现境外办学可持续发展的必要保障,两者缺一不可、相互促进。二者相结合是教育全球化背景下的合作共赢、可持续发展的办学模式。

(二)关于"文化互鉴"中"文化"的内涵界定

"文化互鉴"中的"文化"是指职业教育文化。职业教育文化是通过对不同职业文化核心价值的提炼,并将其转化为能够对学习者施加影响的文化教育过程。职业教育文化兼具职业属性和教育属性,它是通过将同一类职业或相近的多个职业所承载的职业文化进行系统化总结归纳,将其概念化为教育教学资源,并通过教师教授课程,培养学生认同和传承职业文化。职业教育文化的培养目标是使学生不仅掌握岗位所需要的技术技能,同时也能养成崇高的职业操守和坚韧的职业精神。因此,"文化互鉴"的实现过程就是增进彼此对职业教育文化的理解,实现职业精神认同和再凝练的过程。

二、"技能共享 + 文化互鉴"境外办学的主要目标

(一)总要求和总目标

"技能共享 + 文化互鉴"境外办学的总要求是"三个坚持"和"两个核心",即坚持总体国家安全观、坚持文化自信、坚持正

确义利观三个基本原则,同时必须兼顾发展和安全这两个核心。要遵循职业教育发展规律,以中国高职院校为办学主体开展"技能共享 + 文化互鉴"境外办学,与其他国家职教领域保持互相沟通、互相借鉴、互相融合,更好地实现我国优质职业教育"走出去"。

"技能共享 + 文化互鉴"境外办学的总目标是构建人类命运共同体理念指导下的服务于中外教育合作与人文交流,服务于"一带一路"建设的创新型跨境职业教育发展模式。要围绕合作国当地经济社会发展对人才的需求,同时要注重中国"走出去"企业的人才需要,培养具备高尚职业精神的合格职业人。

(二)主要目标

1. 关于实现"技能共享"的主要目标

(1)分享中国职教成果

实现"技能共享",是在遵循职业教育国际化发展规律的基础上与世界共享中国职业教育资源的优秀成果,与世界分享中国高职教育的办学模式、课程体系、教学资源和一流的中国技术装备,向合作国提供高水平的中国职教专业教学标准,培养熟悉中国技术、熟练中国装备操作、认可中国产品的当地技能人才,助力当地劳动力就业。

（2）共享中外优秀职业教育资源

实现"技能共享"，是要打通中外职业教育优质资源的共享渠道，在不断交流中实现国际职教资源要素的整合与优化，借助中国职教资源在合作国的本土化过程，实现了专业、标准、装备的协同开发，通过借鉴合作国职教优势转而促进我国境外办学水平的提升，达到共赢发展。

（3）打造让世界信服的职业教育整体解决方案

中国职业教育走过了学习借鉴职业教育先进国家教学经验和做法的初级阶段，经历了立足国情实现与国际接轨的发展阶段，正在逐步通过自主创新发展形成世界水平的中国职教模式。实现"技能共享"，就是要在国际合作实践中，让合作国当地信服中国的整体职业教育解决方案，通过为合作国当地培养急需的高素质技术技能人才，向世界证明"中国智慧"可以解决世界问题。

2. 关于实现"文化互鉴"的主要目标

（1）分享中国文化精粹

职业人要具备职业精神，职业精神的高级形式是工匠精神。中国工匠精神有 2000 多年的发展历史，其内涵丰富且深厚。通过实现"文化互鉴"，与合作国当地人民共享中国文化精粹，通过实现对中国工匠精神的文化认同，提升当地职业人的职业素养、职业操守,为中国工匠精神推广搭建国际平台。

(2)构建全方位育人、可借鉴、可复制、可推广的境外办学新模式

实现"文化互鉴",转变了"重技能,轻文化"的高职院校境外办学传统格局,构建全方位育人、可借鉴、可复制、可推广的境外办学新模式。为世界职业教育培养全面的技术技能人才带来了新思路、新方向和新路径。

(3)创建中外文化共生共赏的职教育人环境

实现"文化互鉴",就是增进彼此对职业教育文化的理解,实现职业精神和文化认同的过程。创建和谐共赏的职业教育文化育人环境,增强职业教育的耦合价值,有效弥合文化裂缝,防范文化冲突。

二、"技能共享＋文化互鉴"境外办学模式的构建原则

(一)宏观层面的基本原则

我国高职院校境外办学不只是教育问题,更与国家政治、外交、安全密切相关,并且充满挑战与不确定性。境外办学者要提高站位,从国家战略的高度充分认识职业教育"走出去"的重要意义,实现我国高等职业院校境外办学的可持续发展要有"三个坚持"的基本原则,即要坚持总体国家安全观、坚持文化自

信、坚持正确义利观。

1. 坚持总体国家安全观

职业教育境外办学以坚持总体国家安全观为引领,就是在整体安全的视角下将外部与内部安全、从自身到公共安全都要予以重视,要将境外办学可能涉及的政治、经济、社会、文化、海外利益等安全要素统筹起来。要站在全局高度,切实将当地的政治风险、政策风险、法律风险、文化风险、宗教禁忌风险、疾病传染病风险等间接风险与影响境外办学落地的当地教育政策不确定性等直接风险统一起来,做好国别风险研判工作。

2. 坚持文化自信

坚持文化自信是维护文化主权、捍卫国家安全的根基。职业教育院校要坚持职业教育文化自信,对自我文化价值充满笃信和深情。特别是在跨文化交际中,对合作国人文情况有系统全面地认知,通过文化比较,明确职业教育自我文化定位,保持对自我文化的高度尊重、珍惜和认可。在文化传播中,一方面要善于讲好"中国故事",促进中国文化的全球化;另一方面要牢固掌握文化互鉴过程中的文化话语权和主动权,这是正确处理与世界多元文化关系的关键保障。

3. 坚持正确义利观

坚持正确义利观就是要有原则、讲情谊、讲道义。在境外办学实践中,坚持以维护国家核心利益和中华民族尊严,即"有原则";在与合作国有关方的交往中善于把握彼此利益共同点、善于营造和谐友谊的国际关系,这是"讲情谊";履行国际责任,理解合作国对自身利益的关切,向发展中国家提供力所能及的帮助并敢于主持公道、伸张正义,这是"讲道义"。

(二)实施层面的基本原则

1. 遵守法律法规,确保依法办学

遵守相关国家法律以及教育制度,是高职院校境外办学的基础。任何一种教育模式的尝试,都要时刻牢记以国家利益为重,不得损害国家主权、领土完整、社会稳定以及公共利益。高职院校境外办学的前提是必须尽可能地熟悉当地的法律以及法治环境,尤其是对资产所有权、知识产权、专利权、保密技术、产权转让等中外法规进行系统研究。要认真学习、熟悉了解国际规则,依法依规开展办学活动,履行相关责任义务、共享既得利益。

2. 理清双方责任,确保各司其职

高等职业教育境外办学,涉及不同国家、不同院校、企业之间的协同治理。因此,无论是国家这样的宏观层面,还是学校这样的微观层面,都需要理清双方责任。随着职业教育对外开放不断深化,国家之间、校企之间、院校之间的合作日渐紧密和深

入,更需要明确彼此权利义务、履行双方应尽责任、合理分配既
得利益。

3. 以需求为导向,以就业为目标

高职院校开展境外办学,应充分了解境外合作者当地的经
济、教育发展水平,充分展开人才需求调研。根据调研结果,重
点分析当地对技能型人才的需求,有针对性地调整、嫁接、完善
和构建科学系统的培养体系,制定专门的人才培养方案,依托当
地企业实现工学结合,以就业为目标,培养合格的技术技能
人才。

4. 立足发展理念,坚持产教融合

坚持产教融合、校企协同"出海"。将国内不同地域、不同
领域"走出去"的高职院校和企业视为一个整体,破除地域障
碍,坚决做好顶层设计,协调政、校、企力量使我国高职院校和相
关企业抱团"出海",要互学互鉴、开放共享,实现共同发展。坚
持产教融合,推动校企深度合作,注重学生动手能力、创新能力、
合作能力等多种职业能力的培养,为企业输送素质全面的技术
技能人才。

5. 构建国际化教学标准,建设国际化师资队伍

学习吸取职业教育发达国家的先进经验,加强相互交流与
合作,努力参与制定职业教育专业和课程国际标准,开发适应岗

位需要的课程体系,用心打造高质量的专业标准、行业标准和课程标准,打造中国职业教育国际品牌,提高中国职业教育在国际舞台的话语权和影响力。要建设一支知识过硬、素质优良、国际化视野广、双语能力突出的专业师资队伍,具备承担教学任务和开展专业实践指导的外语水平和业务能力,保证境外办学的教学质量。

6. 尊重文化差异,实现文化互鉴

高职院校开展境外办学,要本着尊重文化差异的原则。各国之间的合作也是不同文化之间的对话和交流。对于不同国家的宗教信仰、语言文字、生活习俗、风土人情给予充分的理解、尊重和包容。同时坚定文化自信,将我国五千年历史积淀下来的优秀文化贯穿于境外办学全过程,求同存异,在彼此欣赏和彼此认同中实现文化互鉴。

三、"技能共享＋文化互鉴"境外办学模式的实施路径

以人类命运共同体为视角,研究构建我国高职院校境外办学模式就是在增进交流中实现技术技能的互教互学,在互尊互美中实现文化认同,这对于提升我国职业教育国际影响力和推动我国职业教育国际化的发展意义重大。在"技能共享"和"文化互鉴"理念的指导下,我国高等职业院校可以从如下方面入

手,逐渐探索出适合我国国情的境外办学路径。

(一)加强顶层设计,构建制度保障

要坚持统筹规划,多方联动。坚持以人类命运共同体理念为指导,根据我国教育对外开放的规划以及高等职业教育国际化的发展战略,做好宏观层面上的指导和设计

1. 从全局出发,谋定职教出海一盘棋

要做好顶层设计,确定高等职业教育"走出去"的方向、定位和策略。各级政府以及教育主管部门应该统筹规划、重点布局,结合各个国家具体国情,关注其经济发展和社会稳定,结合其与我国在政治往来、经济合作、文化交流等方面的密切程度,为境外办学院校提供研判和指导,把握好境外办学的大方向。

2. 加强制度建设,为"出海"保驾护航

要从国家层面整合外交、教育以及文化资源,从宏观角度上建立高职院校境外办学的制度保障体系,多方合力共同为高等职业院校境外办学的顺利推进保驾护航。不同国家之间要努力实现学历和学位的互认,为境外办学扫除障碍。要在制度和政策层面对职业教育院校与相关行业企业协同工作给予必要支持。

(二)转变办学理念,深化校企协同

1. 转变办学理念,实现全面育人

2020年6月,《教育部等八部门关于加快和扩大新时代教

育对外开放的意见》提出了改进高校境外办学的重要意义,为我国职业教育国际化工作指明了方向。高职院校要抢抓机遇,摒弃传统的"技能第一"的境外办学理念。树立全面育人的境外办学新理念,要以培养高素质技术技能人才为目标,构建职业技能与文化互鉴融合培养的办学理念。要强化在技术训练和能力培养中自然融入职业文化培养,要在学校的办学理念和育人理念中体现出职业精神的内涵。要在课程设置、授课内容、企业实践、教学评价等各环节融入职业文化的培养内容,努力培养职业技能精湛、职业精神高尚的优质职业人。

2. 深化校企协同,探索可行范式

(1)深化校企合作,落实协同育人

学校、企业携手"出海",共同研讨制定境外办学的专业教学标准和企业工作标准,要将企业文化连同职业教育文化有机植入境外办学的每个环节,包括课程设置、教材选用、教学内容、评价方式等。此外,还要支持校企联合开发课程和相关教材。

(2)注重实践创新,探索可行范式

一是要做好案例库建设。要系统梳理近年来我国高职院校境外办学现状、特点,做好经验总结、分析和研究;二是要建立可推广的境外办学理论支撑与参考模式。在国家相关政策的指导下,结合校企合作的实际情况,确定我国高等职业院校境外办学的遵循原则和根本目标,编制境外办学的总体规划,确定校企协同"出海"的办学模式。

(三)保持优质属性,推进国际接轨

1. 强化大赛引领,保持中国职业技能标准的优质属性

将全国职业院校技能大赛(国赛)作为境外办学教学成果的"试金石",在教育理念、教学模式上对标国赛标准,培育技术技能过硬、兼具职业文化精神的人才。通过"以赛促教""以赛促学"的方式发现问题,及时调整课程设置和授课内容,始终保持课程的高水准。要强化国赛与合作国当地院校交流,积极承办当地区域性赛事,在大赛中展示所学技能、锤炼职业精神,达到"德才兼备"的培养效果。

2. 推进学分学历互通互认

不同国家的资格证书不能互通,学分学历不能互换。这是我国高职院校境外办学面临的难题。要对标国际先进职业资格框架,积极与合作国当地院校开展专业标准的共商共建,争取进入合作国学历教育体系,逐步实现学历和学分的互通互认,使得中外双方学生跨境接受职业教育成为可能。

(四)明确"国际化与本土化",助力境外办学"落地生根"

所谓国际化是指我国高职院校"走出去"的实现方式,本土化是指在境外办学过程中要切合当地需求的发展方式,两者在

境外办学实践中缺一不可。妥善处理好"国际化与本土化"关系将有助于境外办学项目在海外的"落地生根"。

1. 实现教育教学资源的国际化与本土化

中国职业教育"走出去"过程切不可"照搬硬套"老经验、旧模式，要开阔视野善于学习借鉴合作国先进的职业教育理念，要将中国职教的优质教育资源有机转化为符合合作国民族特征、文化特色的本土化教育资源，增强职业教育的耦合价值。

2. 实现教学人员的国际化与本土化

一是实现当地员工的国际化与本土化。要优先招募当地教师和人员，运用中国先进的教育教学方式，开展对当地学生的教育教学工作，这样可以最大限度地降低文化冲突在教学实践中的存在风险。二是要实现中方教师的国际化与本土化。国内公派教师不仅要是教学专家，还要具备高超的跨文化实践水平，这包括合作国语言水平、当地文化认知与适应力、中国文化的认知与传播力、跨文化冲突与应对能力，等等。三是要实现中方管理者的国际化与本土化。中方管理者不仅要具备与当地政府、院校、企业开展合作的交流与协调能力，还要有超群的大外交视野及对国际关系、外交政策等外交大局的知识储备。

（五）找准切入点，明确核心要素

1. 找准职业教育文化的切入点——"工匠精神"

各国职业教育培养的是职业人，职业人要具备"职业精神"。"职业精神"的高级形式是"工匠精神"。从 2000 多年前班墨时代发展至今,我国"工匠精神"历经数代诠释,内涵多如繁星、深邃久远。从繁星中选取距离合作国最为贴近的那个星,这是最容易与合作国职业教育者产生共鸣的职业教育文化认同切入点。高职院校要善于将我国"工匠精神"的浩瀚内涵加以提炼,并与合作国实情有机结合,形成当地人感同身受又体现"中国智慧"的境外办学独有的"工匠精神"。

2. 理清职业教育文化的核心要素

高职院校要善于在境外办学实践中增进职业教育文化认同,其核心要素是如下三个方面。

首先,要加深职业教育文化理解。文化理解是文化认同的基础和保障。加深职业教育文化理解要从三个层面开展,一是高职院校要加深对自身职业教育文化的理解;二是加深对合作国职业教育文化的理解,也就是在境外办学实践中要有意识逐步建立起对合作国当地职业教育全方位的理解;三是对世界职业教育发展大势的理解。

其次,要创造文化包容环境。文化包容不仅是尊重彼此文化存在和彼此之间的差异,也是强调不同文化之间的主动适应、相互融合。中国高职院校境外办学实现"走得远",需要中国与合作国实现文化认同与融合互赏。要善于挖掘两国文化交流的切入点,积极寻求和创造与合作国本土职业教育的融合环境,弥合文化裂缝,增进彼此认同。

最后,要注重文化自觉。文化自觉是文化觉醒,是实现文化创新发展的路径。延伸到职业教育境外办学,这种自觉就体现在高职院校能够以辩证的、历史的、宏观的角度来分析境外办学合作国在职业教育领域的发展现状和未来趋势,通过比较彼此的职业文化,分析优势和劣势,互相借鉴,彼此融合,实现职业文化的可持续健康发展。

（六）技能与文化融合,创新课程体系

高等职业教育境外办学想要实现技能共享和文化互鉴,关键在于构建职业技术技能与职业文化精神相融合的课程体系,将专业技术教学与职业精神培养结合起来。

1.依托专业课程教学,提升学生职业技能和职业素养

一是要坚持优质优先原则。优先开设我国的优势专业和特色课程,与境外合作国分享国际化专业建设的经验,提供当地急需的教学资源和教学方法,向世界展示我国高等职业教育的成就。校企双主体依据各岗位职业能力需求,在培养模式、课程开设、教材编写、师资建设等方面展开全方位合作,要以任务模块的形式整合专业课程内容,并将相应的职业文化和企业文化融入模块。

二是要将职业教育文化培养贯穿专业学习的全过程。要抓住专业核心课程这一主线,挖掘专业课程教学中的职业文化元素,并融入课程教学标准、教学内容设计、课堂教学等教学进程各环节,既能提升职业技能,又能锤炼职业精神。

三是要充分发挥课堂教学的关键作用,将重能强技与工匠精神结合起来。课堂除了传道授业解惑,还是进行日常文化融入的重要场所。教师可以根据专业和课程的不同,将文化自信和文明互鉴的相关内容自然融入进去。例如智能制造、机械加工、机制工艺等专业,更应该把精益求精的追求细化到每一个教学环节中;会计、物流等对精准性要求比较高的专业,专业教学中也要注意技能要求的规范性;传授技术技能类课程,融入"工匠精神",培养学生敬业、精益、专注、创新的品质;商务经济类课程,可以培养学生严谨细致、客观公正等职业精神。

2. 构建校内外联动的"浸润式"实践教学体系

实践教学不仅是提升职业技能的有效手段,更是传播职业文化、锤炼职业精神的重要手段。实现校企深度融合关键是构建校内外联动的"浸润式"实践教学体系,营造职业文化氛围。

在校内实践教学方面,要在校企共同设定教学标准、内容、情境等基础上,主动营造浓厚的职业文化氛围。要增强学生"上课如上班"的职业体验感,推动职业技能与职业精神"双线"

同步提升。

在校外实践教学方面,要充分用足企业实践场所,将真正的企业文化与院校的职业文化结合在一起,让学生感知企业文化、感受职场氛围,增强职业认同感和企业归属感。要增进工作实践环节的企业员工参与度,通过企业员工的言传身教让学生加深对爱岗敬业、精益求精等职业精神的理解和内化。

3. 坚持中国文化立场,讲好"中国故事"

一是凝聚命运共同体理念的国际共识。2020 年肆虐全球的新冠肺炎疫情再次向人类表明,同住地球村的居民是互相关联的共同体。当人类面临共同灾难,没有人能独善其身,只有全人类携起手来团结合作才能共同解决人类问题。因此,教师要秉承人类命运共同体理念,主动在课堂教学中融入中国优秀的传统文化和价值理念,让学生在跨文化理解与认同中增进彼此尊重与信任。

二是增进工匠精神的认同。工匠精神体现了不断追求完美、做事精益求精的工作态度,是崇高的职业精神和职业操守。工匠精神落实在高职教育境外办学中就是对待职业的敬畏之心,就是追求卓越的职业精神,就是努力拼搏、积极奋斗的人生态度。

三是推广国际汉语,传递文化理念。文字是文化的载体,语言的互通是高等职业院校境外办学过程中实现文化互鉴的桥梁。

在开展国际汉语推广方面,要进行中国文化的讲解和有效融入,让当地学生能够接触到我国优秀的传统文化,使得学生、教师、企业之间沟通交流更为顺畅,从而更易于接受我国先进的职教资源;在文化理念传播方面,要通过文化传播向合作国展现真实的、多元的、立体的中国,让不同国家的朋友都有机会了解中国、喜爱中国。要积极搜寻国家文化特征的最大公约数,促进与不同国家之间的文化交流,在交流中促进文化的理解、认同与融合。

4. 构建职业技能与职业文化相融合的考核评价体系

全面科学的考核评价体系是引导、促进、监督境外办学各项教育教学活动的基础保障,要将学生职业文化和职业精神的衡量与考核纳入学生综合素质评价。境外办学院校应该参照学业考核标准和职业考评指标,与合作企业共同制定职业技能与职业文化一体化的考核评价体系。由于职业文化和职业精神具有隐性特征,因此不能采用与职业技能考评相同的结果性评价方式,而是采用过程性评价与结果性评价相结合的方式进行,考核评价主体应由企业人员、教师、实践环节相关参与者共同组成。

(七)实现多元主体,丰富育人环境

1. 打造"课堂+校园"的多元育人环境

境外办学院校要充分发挥校企双育人主体和双元文化的优势,在各项教育教学活动中自然融入优秀的企业文化和行为规范,推动"企业文化进校园、职业文化进课堂"。让校园文化彰显职业教育本色、丰富职业教育内涵。同时还要注意中国文化与本土文化的融合。通过举办"中国文化周"等丰富多彩的校园文化活动吸引境外学生参与中华文化体验,感受中国文化之美,实现文化认同,增进中外文化交流互鉴。

2. 要用好新媒体和线上资源,丰富精神育人环境

一是用好新媒体。利用校园主页、推特等媒体形式推送行业杰出人物故事,发挥新媒体推送的即时性优势;二是利用线上资源,建设"智慧课堂",丰富精神育人环境。

(八)识别国别风险,管控文化冲突

1. 建立国别风险分析共享机制

引导同一区域的境外办学者建立国别风险分析共享机制,要共同开展地缘相近合作国群体的系统分析,通过对拟合作伙伴进行联合调研做好国别评价工作,通过系统分析政治、经济、人文、基础设施环境做好境外办学环境分析工作,实现境外办学院校的合作互助及资源共享。

2. 建立文化冲突管理沟通机制

妥善管理文化冲突是实现文化互鉴的基础要素。要客观充分分析文化冲突产生的原因,制定处置预案、设置专门人员,建立并不断强化与合作国境外合作者及相关利益方的沟通机制,

妥善管控文化冲突。

四、构建人类命运共同体视角下的"技能共享＋文化互鉴"的境外办学模式

我国开展境外办学的主要模式有海外分校模式、学习中心/教学点模式、合作伙伴模式、远程学习。

(一)海外分校模式

许多境外办学先进国家都采用这种模式。该模式从境外合作国的具体需求出发,有助于发挥高等职业教育的学科和专业优势,同时也能够传播中国文化,扩大中国职业教育在境外办学国的影响力。

实现"文化互鉴",可以以校园文化传播为载体,实现职业教育文化的发扬光大。海外分校常常会形成多元化和国际化的校园文化,我国职业院校也是如此。广大师生在校园文化的形成和培育中起着关键作用。为了实现这个目标,海外分校可以在两方面下功夫。首先,建立完善的师资评聘体系,吸引素质高、能力强的国内外师资来校任教,建设多元文化的师资队伍,使校园成为不同国家教师进行跨文化交际的良好平台。另一方面,要加强国内校区海外分校的学生交流。要通过选拔,实现国内校区海外分校之间的学访、短期交流不间断。此外,海外分校要注重学生社团建设与管理,学生社团是学生开展课外活动的

主要渠道,也是学生的第二课堂,要用好学生社团实现文化传播的有效延伸。要将学生社团打造成开展文化差异分析、实现文化冲突管控的阵地,要为来自不同国家、不同信仰、不同文化背景的学生提供发声的窗口。要通过管理学生社团,及时发现问题、弥合裂痕、管控冲突,使其成为不同文化群体交流的桥梁。

（二）学习中心/教学点模式

在境外设立研究中心、学习项目或者教学点是我国高等职业院校采用的另外一种境外办学模式。境外合作者一般利用学校的优势学科进行教师和学生的交流。作为一种相对稳妥的境外办学模式,学习中心/教学点模式可以作为境外办学者起步阶段的尝试性做法。但是就其影响力和作用而言,要逊色于海外分校和独立机构模式。

实现"文化互鉴",要将这种模式由双语教学转化为双语双文化教学,即采用专业教学标准双语授课,实现中外文化比较教学,注重中外学生文化交流工作,注重将中国文化精粹融入课堂设计,将外国学生到中国企业的参会活动演化成校企协同的"浸润式"系列实践活动,激发外国学生对中国职业教育文化的兴趣和认同。

（三）合作伙伴模式

合作伙伴模式,是指中国高职院校为办学主体,与境外办学者合作开展中外合作办学项目。这种模式是服务中外教育合作与人文交流的经典模式。

实现文化互鉴,就要利用好中外合作办学这个平台。一方面,要坚持技能优先,向合作国当地学生传授中国优质的职业技能;另一方面,坚持中国文化立场,积极传播中国文化,包括职业教育文化。比如,天津师范大学软件技术专业的外国学生通过学习中国互联网技术开发了"汉语 + 中国文化"学习软件,成功实现了就业,开发成果还参加了 2020 年中国国际"互联网"大学生创业大赛并获奖;天津工业大学、天津外国语大学每年 5 月举办的中国文化节活动已成为学校亮丽名片,外国学生通过中国书法、古代诗词诵读、中国厨艺、中华茶艺、武术功夫等形式展现了对中国文化的热爱,吸引数千名学生参与,让外国学生更加直观地了解中国文化、认同中国文化。

(四)远程学习

远程学习还不是一种独立的境外办学模式。随着后疫情时代来临,远程学习在境外办学中扮演了越来越重要的角色。学生通过视频方式远程完成学业。值得注意的是,远程教育不只是纯粹的在线授课,更多的是作为境外办学教学工作的辅助形式。

实现文化互鉴,要建设"智慧课堂"。要建设职业文化教学案例资源库,挖掘专业教学课程体系中蕴含的职业文化基因,要依托慕课、微课、视频等,建设"智慧课堂",丰富精神育人环境。

第六章　"技能共享＋文化互鉴"
境外办学模式操作流程

　　为深入了解我国高等职业院校境外办学现状情况,我课题组特开展了"关于我国高等职业院校境外办学现状的调研"。通过调研发现两个重要特征,一是开展境外办学的高职院校主要分布在我国中东部经济相对发达的地区,而且国家示范校及骨干校占到了45％;二是我国高职院校境外办学已覆盖了五大洲,但在地区分布上主要集中在职业教育欠发达国家和地区,如东南亚、非洲国家。因此,开展境外办学的操作过程,首先要明确境外办学的动因,要清楚合作国及境外办学合作者的主要情况,要有实现境外办学可持续发展的路线图。

一、"技能共享 + 文化互鉴"境外办学模式的合作确认

（一）前期准备阶段

1. 从国际局势出发,审慎客观研判实际困难

2020 年 6 月,《教育部等八部门关于加快和扩大新时代教育对外开放的意见》里指出,当前我国职业教育对外开放面临着无限机遇,并明确了我国高职院校继续扩大"走出去"的指导思想。但是,作为境外办学主体,高职院校一定要从大局出发,兼顾发展和安全两件大事,审慎客观地研判实际困难。当前国际大环境复杂多变,世界进入动荡变革期。在境外办学中,可能面临三大困难:一是 2020 年初开始持续至今的新冠肺炎疫情肆虐全球,后疫情时代的境外办学如何与防疫工作兼顾,是考验境外办学者的一大难题。二是新冷战思维、经济危机暗流涌动,"甩锅""退群"时有发生。瞬息万变的国家间关系,合作国国内突发政变、冲突的潜在危险不断上升,如何保障境外办学者的境外利益和人员安全摆在了更加重要的位置。三是不同地域、不同国家和不同民族之间存在着较大文化差异,由此导致的文化冲突和碰撞难以避免。如何避免或消除文化差异造成的文化碰撞,如何找到中外双方合作诉求的平衡点将考验着办学者的

智慧。

2. 明确境外办学的动因

为落实国家职业教育对外开放工作,我国高职院校主动开展境外办学,服务于国家发展大局,服务于中外教育合作与文化交流,服务于人类命运共同体建设。我国高职院校境外办学有各种动因,例如在"一带一路"政策引领下在沿线国家开展境外办学,主动承担"鲁班工坊"建设项目,依靠边境地缘优势促进互联互通发展,这些都是我国职业教育"走出去"的有益尝试。在个体层面,各高职院校要充分结合自身特点,选准办学动因,这直接关乎境外办学的时机、方略、定位。通过调研,主要有以下四种动因。

(1)落实国家重大职教项目。一是落实"鲁班工坊"建设任务。2018年9月,习近平主席在中非合作论坛北京峰会上提出要在非洲设立十个鲁班工坊,这是中国政府和人民向非洲兄弟的庄严承诺。作为"鲁班工坊"的原创地,天津市主动作为、率先推动,截至2020年底,十个"鲁班工坊"在非洲国家已经初见雏形。二是承接国家级重大援建项目。例如天津职业技术师范大学承接中国与埃塞俄比亚两国职业教育合作的明星项目:埃塞俄比亚—中国职业技术学院。该学院按照中国标准为埃塞俄比亚培养技术技能人才,目前已开设机械、汽车、电气、电子、纺织、服装、计算机等多个专业。

（2）主动服务"一带一路"建设，配合中资企业"走出去"。《高等学校境外办学指南（试行）（2019 年版）》明确提出我国高校开展境外办学服务"一带一路"建设，要注重为中国"走出去"的企业培养合格人才。校企协同"出海"是我国职业教育境外办学的创新模式，2018 年，广西柳工机械股份有限公司与柳州铁道职业技术学院相继在印度、沙特携手开展境外办学，为当地培养技能人才。

（3）争创"双高计划"院校必须实现的核心指标。2019 年，中华人民共和国教育部、财政部下发《关于实施中国特色高水平高职学校和专业建设计划的意见》（教职成〔2019〕5 号），正式启动"中国特色高水平高等职业学校和专业群建设计划"（以下简称："双高计划"）。"双高计划"明确指出高职院校提升国际化水平是九大改革发展任务之一。作为首批"双高计划"院校，西安航空职业学院与中航国际集团联合在职业教育欠发达国家和地区开设"海外技术教育培训中心"，主要任务是培训中资企业海外员工和当地职工。

（4）依托地缘优势，促进互联互通。我国边境地区院校与当地企业组建"职教联盟"，各成员院校之间实现优势专业和特色课程共享，最大限度地发挥地缘优势，促进互联互通。广西职业技术学院牵头组建了中国—东盟边境职业教育联盟,充分调动各方优势,与东盟国家开展职教领域合作。至今,已有六十多家广西以及云南地区的高等职业院校、公司企业、科研机构加入到了职业教育联盟之中。

(二)宏观调研阶段——以"一带一路"建设为例做好国别评价工作

做好国别评价工作为遴选办学目的地提供重要参考依据,也有助于提升高职院校办学风险的防范能力。依据问卷调研结果,我课题组发现高职院校境外办学者中有94%选择在"一带一路"沿线国家开展境外办学。换句话讲,"一带一路"沿线国家是境外办学的首选之地。

因此,为了更加具有指导意义,本部分将选取"一带一路"沿线的全部138个国家作为国别评价工作的参评对象。同时,结合国家信息中心、中国一带一路网、北京大学"五通指数"课题组报告等有关数据,对合作国办学环境加以分析,力求通过国家排名进行客观、科学的国别评价。

1. 选定参评范围

中国一带一路网的数据显示,截至2020年1月底,中国已经同138个国家和30个国际组织签署200份共建"一带一路"合作文件。这里选取"一带一路"沿线138个国家作为参评对象

（见表 1）。

表 1　参评国家以及所属洲别

洲别	国家	数量
非洲	苏丹、南非、塞内加尔、塞拉利昂、科特迪瓦、索马里、喀麦隆、南苏丹、塞舌尔、几内亚、加纳、赞比亚、莫桑比克、加蓬、纳米比亚、毛里塔尼亚、安哥拉、吉布提、埃塞俄比亚、肯尼亚、尼日利亚、乍得、刚果布、津巴布韦、阿尔及利亚、坦桑尼亚、布隆迪、佛得角、乌干达、冈比亚、多哥、卢旺达、摩洛哥、马达加斯加、突尼斯、利比亚、埃及、赤道几内亚、利比里亚、莱索托、科摩罗、贝宁、马里、尼日尔	44
亚洲	韩国、蒙古、新加坡、东帝汶、马来西亚、缅甸、柬埔寨、越南、老挝、文莱、巴基斯坦、斯里兰卡、孟加拉国、尼泊尔、马尔代夫、阿联酋、科威特、土耳其、卡塔尔、阿曼、黎巴嫩、沙特阿拉伯、巴林、伊朗、伊拉克、阿富汗、阿塞拜疆、格鲁吉亚、亚美尼亚、哈萨克斯坦、吉尔吉斯斯坦、塔吉克斯坦、乌兹别克斯坦、泰国、印度尼西亚、菲律宾、也门	37
欧洲	塞浦路斯、俄罗斯、奥地利、希腊、波兰、塞尔维亚、捷克、保加利亚、斯洛伐克、阿尔巴尼亚、克罗地亚、波黑、黑山、爱沙尼亚、立陶宛、斯洛文尼亚、匈牙利、北马其顿（原马其顿）、罗马尼亚、拉脱维亚、乌克兰、白俄罗斯、摩尔多瓦、马耳他、葡萄牙、意大利、卢森堡	27

续表

洲别	国家	数量
大洋洲	新西兰、巴布亚新几内亚、萨摩亚、纽埃、斐济、密克罗尼西亚联邦、库克群岛、汤加、瓦努阿图、所罗门群岛、基里巴斯	11
南美洲	智利、圭亚那、玻利维亚、乌拉圭、委内瑞拉、苏里南、厄瓜多尔、秘鲁	8
北美洲	哥斯达黎加、巴拿马、萨尔瓦多、多米尼加、特立尼达和多巴哥、安提瓜和巴布达、多米尼克、格林纳达、巴巴多斯、古巴、牙买加	11
合计		138

2. 做好拟合作国的环境分析

选择合作国时,要综合研判外部复杂环境,系统分析合作国的政治环境、经济发展、人文状况、基础设施等诸多因素。

(1)政治环境

政治环境稳定是国家间开展双边合作的重要基础。政策沟通是考察我国与合作国政府间政治互信及彼此政策扶持的重视程度,这是确保"一带一路"倡议顺利推进的首要条件。北京大学"五通指数"课题组发布的"一带一路"沿线国家"五通指数"报告数据显示,总体上东北亚、东南亚沿线国家与我国双边政治关系稳定,排名比较靠前(见表2)。

表2　政策沟通排名前十国家列表

排名	国家	得分
1	俄罗斯	18.07
2	柬埔寨	17.97
3	塞尔维亚	17.24
4	哈萨克斯坦	17.00
5	巴基斯坦	16.92
6	匈牙利	16.55
7	老挝	16.32
8	波兰	16.01
9	白俄罗斯	15.84
10	蒙古	15.68

（2）经济环境

合作国经济环境是境外办学外部环境的决定性指标,贸易畅通是规避境外办学经济风险的重要保障。贸易畅通要重点考察投资与双边贸易两个核心要素。一是投资要素,要重点选择"一带一路"产能与投融资合作重点国家、"一带一路"专项投资基金投放重点国家、人民币跨境支付系统业务范围覆盖国家;二是双边贸易要素,要重点考察双边贸易量大、双边贸易总额增速高的国家。中国一带一路网有关数据显示,韩国、越南、马来西亚等亚洲国家与中国的贸易畅通水平最高(见表3)。

表3　贸易畅通排名前十国家列表

排名	国家	贸易金额（单位:亿美元）
1	韩国	2803.8
2	越南	1218.7
3	马来西亚	962.4
4	印度	847.2
5	俄罗斯	841.9
6	泰国	806
7	新加坡	797.1
8	印度尼西亚	633.8
9	菲律宾	513.3
10	沙特阿拉伯	500.4

（3）人文环境

民心相通有助于增加合作国当地人民对"一带一路"建设的情感黏性,是实现境外办学"落地生根"的必要保障。民心相通是指我国与合作国之间的文化交流、民间往来、旅游合作的双向民意分析。北京大学"五通指数"课题组发布"一带一路"沿线国家"五通指数"报告有关数据显示,俄罗斯以及泰国等东南亚国家的友华程度最好,民心相通得分最高(见表4)。

表4 民心相通排名前十国家列表

排名	国家	得分
1	泰国	18.31
2	俄罗斯	18.07
3	越南	17.17
4	印度尼西亚	16.73
5	新加坡	16.33
6	马来西亚	16.31
7	印度	15.52
8	菲律宾	15
9	乌克兰	14.8
10	柬埔寨	14.73

（4）基础设施环境

基础设施环境是境外办学的基础性要素。其中,信息化发展水平(见表5)是5G时代的呼唤,是后疫情时代建设国际职业教育线上资源共享平台的必然要求;设施联通则强调合作国与我国在通信领域、能源领域、国家基础设施建设领域的合作水平和对接程度。优先选择信息化发展水平高和设施联通程度高是境外办学教育教学顺利开展的先决条件。国家信息中心发布的"一带一路"沿线国家信息化发展水平评估报告以及北京大学"五通指数"课题组发布的"一带一路"沿线国家"五通指数"报告有关数据显示,欧洲国家的信息化发展水平以及基础设施水平普遍处于领先地位(见表5、表6)。

表5　信息化发展排名前十国家列表

排名	国家	分数	等级
1	新加坡	90.44	高
2	以色列	89.75	
3	爱沙尼亚	87.72	
4	捷克	78.55	较高
5	波兰	78.15	
6	斯洛文尼亚	76.71	
7	斯洛伐克	75.60	
8	立陶宛	75.45	
9	巴林	75.06	
10	俄罗斯	75.0	

表6　设施联通排名前十国家列表

排名	国家	得分
1	俄罗斯	18.52
2	伊朗	14.45
3	缅甸	14.02
4	沙特阿拉伯	13.43
5	波兰	13.09
6	土耳其	12.79

排名	国家	得分
7	捷克	12.68
8	蒙古	12.49
9	哈萨克斯坦	12.42
10	乌克兰	12.2

3. 有关建议

要全面做好国别评价是一项艰巨工作,受文章篇幅限制,本书只能"抛砖引玉"。国别评价要将"一带一路"沿线国家、区域全面经济伙伴关系(RCEP)成员国、东盟国家、上合组织成员国等与我国建立友好关系国家的各类因素加以量化分析,将有关国家分为首要区域、主要区域和一般区域三类。要从国家战略的高度将那些亲华友华、双边贸易往来量大、物产丰富且符合我国国家利益、对我国产品需求旺盛且适合我国产能转移的有关国家纳入首要区域之中,其他国家根据量化结果依次递减列入主要区域、一般区域等。

(三)遴选合作伙伴阶段

1. 评估合作关系

(1)确保合作方的优质属性:要对其行政能力与决策效率、教职工整体素质、教职工语言和学历水平、教学质量与评估、教学资源储备和软硬件水平、师生比合理性、学生整体水平等方面进行全面、详细、深入的评估。

（3）合作院校的合作意愿：要坚持"彼此信任、互惠互利"的原则开展合作，要综合考量其对华友好度、双方合作愿景的一致性和合作可行性、合作方主要领导的诚意、文化差异与认同、职业精神与职业操守等方面的综合因素。

2. 明确合作内容

要围绕但不限于在专业对接、人才培养、社会培训、师资培训、教学方法、环境设计、硬件设施、资源建设、技能大赛、校企合作、学访交流等方面开展合作。

二、"技能共享＋文化互鉴"境外办学模式的磋商协调

（一）确定合作伙伴，明确投入要素的归属

高等职业院校境外办学应坚持互利共赢的原则，各方办学主体应共同承担办学投入。其中，外方合作院校一般提供教学场所以及校舍，企业一般负责教学设备以及实习场所，中方院校则承担教师的出访费用、工资补贴、培训费用、教学资源开发费用以及翻译费用，等等。这其中包括：项目场地改造和维护的资金投入、开发教材和教学资源所产生的投入与知识产权归属、基于线上教学搭建网络学习平台及制作课件所产生的投入与知识

产权归属、开展远程培训产生的费用设备投入和产权归属、中方人员的境外费用(交通费、差旅费、课时费及其他补助)、外方人员来华培训产生的相关费用、双方互访经费、国际会议费用等。

（二）做好风险评估与管理分析

高职院校大都为公办,正规渠道合规资金的获取、企业捐赠资产的处置、办学收益合规管理等都考验着高职院校的综合行政管理能力。从合作协议开始执行,境外办学者就应重视风险管理。应该采取积极的应对态度,从政治、经济、法律、财务、人员等方面全面评估境外办学会遇到的各种风险,并设计相应的应急方案。协议中应明确写明项目交付所需的资源以及解决争端的方法。作为境外办学中的重要挑战,知识产权应该在协议商讨的最初阶段就被考虑在内。在项目交付时,应对重要文件做好保密措施。

（三）进行协议可行性调研

高职院校境外办学多直接嫁接中外方现有的专业课程与培训项目,普遍缺乏明确的自身发展目标和长期规划。在未系统调研当地社会、教育、政治、经济基础上,这种缺乏整体规划直接赴境外开展办学项目是不严谨、不审慎的,其办学定位必然不清晰。项目小组可以多种方式对协议可行性进行调研,包括院校提供境外合作伙伴的相关背景信息、小组利用相关资源检测其合作关系的可行性等。调研内容应包括合作方主要信息和核心专业简单情况;教学和培训目标群体,学员的总体情况;意向合作协议类型、合作期限、合作动机、合作双方收益预期;良好战略伙伴关系中的关键要素的看法,等等。

(四)建立商榷协议的沟通机制

境外办学若想取得成功,就需要建立有效的沟通机制和通信系统,打通与利益相关方的沟通渠道。沟通机制不仅要涉及常规问题,还需包括应对突发事件的措施,例如语言障碍和文化障碍,等等。

(五)做好合规与质量监控

不同的国家政治体系、经济发展和历史文化各具特色,其高等职业教育的制度也各不相同。境外办学要因地制宜,切实依据当地政策法规开展合作。同时,要落实好我国教育部《高等学校境外办学暂行管理办法》《关于加强涉外办学规范管理的通知》两个文件的要求,但上述文件距今已 10 年之久,亟须根据新问题、新发展出台与时俱进的新规则,特别是对"产教融合、校企结合"这一职业教育特有的办学模式予以政策引导。随着《高等学校境外办学指南(试行)(2019 年版)》正式发布,进一步规范高校境外办学摆到了特别突出的位置,相关指导性文件有望陆续出台。

三、以中柬西港工商学院为例的境外办学模式实施操作指导

(一)现状综述

1. 基本情况与合作历程

2008 年,红豆集团联合中柬企业在柬埔寨西哈努克港经济特区建立西港特区。西港特区整体规划面积 11. 13 平方千米,规划入驻企业 300 家,未来将实现就业 10 万人。作为柬埔寨最大的工业园区,西港特区是我国首批 6 个"境外经济贸易合作区"之一,是中柬两国友好合作的典范,也是"一带一路"上的样板园区。红豆集团于 2010 年与无锡商业职业技术学院(简称"无锡商院")就共建海外学院达成共识,双方合作规划是由职业技能培训作为起步,再通过订单班培养融入柬埔寨学历教育体系,最终实现独立申办海外大学。这一举措很好地解决了特区企业的人才匮乏问题。

2012 年,红豆集团与无锡商院共建的西港培训中心建成,该中心为当地企业培养了大量具备汉语沟通能力、掌握中国技术、熟悉中柬双边贸易的复合型技能人才;2015 年,无锡商院迎来首批柬埔寨西港特区的来华留学生,完成三年制学历教育,该校被柬埔寨教育部确定为"柬埔寨留学生教育基地";2017 年,

红豆集团与无锡商院再次联手,在柬埔寨申办西哈努克港工商学院(简称"西港工商学院");2018年底,洪森首相签发政府令,批准建校。这是我国在海外创建的第一所校企合作股份制本科院校,开创了我国高职院校独立在海外开展本科层次教育,并颁发学历证书之先河。

2. 西港工商学院情况简述

西港工商学院是我国高职院校在海外创办的第一所应用型本科大学。在专业设置方面,学校开设了物流管理、企业管理、信息技术等专业,以应对当地对于这些领域技术技能人才的需求。同时,能够紧跟西港特区发展需要开设企业员工再培训项目,比如会计、计算机、报关、机械加工、服装加工、电子技术等方面的职业培训。作为我国高职院校首个校企合作股份制的境外大学,西港工商学院是校企协同"出海"的典范之作,由无锡商院与红豆集团联合投资、共同经营、收益与风险共担。

西港工商学院秉承"学历教育、职业培训、科技服务、人文交流"四位一体的办学定位,其立意高远,旨在服务柬埔寨、辐射东南亚。这样的办学高起步,其关键是如何解决好行稳致远。通过实施"技能共享＋文化互鉴"的境外办学模式,作者认为将有助于西港工商学院打造大湄公河次区域人文交流中心,有助于维系中柬两国友谊、传播中国文化、扩大我国职业教育在澜湄区域及东盟国家的影响力。

（二）构建"技能共享＋文化互鉴"境外办学模式的宏观指导

宏观上讲，西港工商学院是我国高职院校境外办学的一面旗帜，是我国职业教育主动服务"一带一路"建设的典范之作。因此，西港工商学院必须提高站位，要从国家大局出发，要在坚持总体国家安全观、坚持文化自信、坚持正确义利观的构建原则基础上，实现境外办学的可持续发展。

1. 坚持总体国家安全观，做好国别风险研判

坚持以总体国家安全观为引领，充分研判东南亚的整体安全形势，时刻紧盯柬埔寨国内局势，要将境外办学可能涉及的政治、经济、社会、文化、海外利益等安全要素统筹起来，做好国别风险研判工作。要从全局出发，系统客观地分析研判，作者认为要做好三个方面的工作。

（1）做好中国与东盟交往的风险研判

中国是毗邻东盟诸国最大的国家，也是陆地共同边界线最长和海域相交面最大的国家，中国与东南亚国家保持传统友谊，政治互信度高。东南亚因其地理位置优势，对我国实施"一带一路"政策具有重要意义。中国—东盟在教育领域加强合作，不仅有助于深化本地区经济和社会等各领域的合作、提高区域

教育水平、进一步增进本地区人民间的友谊、构建东南亚与南海命运共同体,而且也为本地区经济的繁荣以及可持续发展提供了坚实的民意基础。本部分选取了东盟 10 个国家作为参评对象,结合中国商务部、国家信息中心、中国一带一路网、北京大学"五通指数"课题组报告等有关数据对中国与东盟开展职业教育合作的基础影响因素加以分析,其中包括总体关系、中国与东盟各国关系、"五通"情况等相关内容,得出的基本判断是中国与东盟开展职业教育合作关系正常、趋势向好(见表7)。

表7　中国－东盟开展职业教育合作基础分析

项目	内容	文件名称(合作现状)	参与方
总体发展关系	中国—东盟发展关系	"一带一路"合作备忘录	东盟各成员国
		RCEP 区域全面经济伙伴关系协定	东盟各成员国
		《中国—东盟战略伙伴关系 2030 愿景》	东盟各成员国
		中国—东盟自由贸易区	东盟各成员国
	中国与东盟各国发展关系	全面战略合作伙伴关系	越南、老挝、柬埔寨、缅甸、泰国
		全面战略伙伴关系	马来西亚、印度尼西亚
		全方位合作伙伴关系	新加坡
"五通"情况纪实	政治沟通	中国—东盟中心	东盟
		中国—东盟博览会	东盟
		中国—东盟商务与投资峰会	东盟

续表

项目	内容	文件名称(合作现状)	参与方
"五通"情况纪实	设施联通	《中国—东盟交通合作备忘录》	东盟
		《中国—东盟航空运输协定》	东盟
		中老铁路、中泰铁路、印尼雅万高铁	老挝、泰国、印度尼西亚
		中国—东盟港口城市合作网络	东盟
		港口物流信息中心	东盟
		《中国—东盟信息通信合作谅解备忘录》	东盟
		《中国—东盟建立面向共同发展的信息通信领域伙伴关系的北京宣言》	东盟
		《澜湄国家产能合作联合声明》	东盟相关国家
	贸易畅通	《中国—东盟产能合作联合声明》	东盟
		中马"双国双园"、泰中罗勇工业园、中柬西哈努克港经济区、中越龙江工业园、中老赛色塔综合开发区	马来西亚、泰国、柬埔寨、越南、老挝
	资金畅通	中国是最大外资来源国	柬埔寨、老挝、缅甸、印度尼西亚
		货币互换协议	马来西亚、印度尼西亚、泰国、新加坡
		亚洲基础设施投资银行	东盟成员国
		丝路基金	东盟成员国
		中国—东盟银联体	东盟成员国
	民心相通	《中国—东盟教育合作行动计划(2016—2020)》	东盟成员国

（2）做好中国与柬埔寨的局势研判

中柬同为文明古国、历经沧桑,中国与柬埔寨多年来形成了全面战略合作的关系,是"一带一路"建设中并肩而行、互惠互利、合作共赢的伙伴。2016 年 10 月,习近平主席对柬埔寨进行国事访问,两国签署了多达 31 份的共建"一带一路"合作文件。特别是在 2020 年 11 月 7 日,习近平主席在北京为柬埔寨太后莫尼列授予中华人民共和国"友谊勋章",中柬两国政治互信水平达到了新的高度。同时,结合北京大学发布"一带一路"沿线国家"五通指数"报告数据显示,在 138 个"一带一路"沿线国家中,柬埔寨与我国在政策沟通、人文交流方面的评分均高居前 10 名。总体判断,我国与柬埔寨友谊深厚,职业教育合作前景乐观。

（3）做好柬埔寨文化要义分析

第一,宗教文化影响广泛。柬埔寨是典型的宗教国家。大多数柬埔寨人都有宗教信仰,而且非常虔诚。浓厚的宗教文化氛围造就了当地人性格温和的特点。

第二,饱受战乱,珍视和平。柬埔寨在近代饱经战乱,对经济社会冲击严重,由此产生的贫困问题突出,基础设施落后。社会生活节奏都很慢,人们普遍享受当下的平静安宁。

第三,中柬友好根基深厚,正在掀起"中文热"。中国是柬

埔寨已故国王西哈努克的"第二故乡",柬埔寨人民对中国日益
强大表示赞赏,普遍认为中国人聪明、富裕、善良、上进心强。随
着在柬中资企业增多,人们认为职业教育可以帮助其通过解决
就业实现脱贫,当地学习中文的学生超过 4 万人,他们认为"中
文比英语更有用"。

2. 坚持文化自信,讲好"中国故事"

就职业教育文化培养而言,西港工商学院是根据自身职业
教育文化培养的需要,在结合西港特区企业和红豆集团等中资
企业实际职业岗位需求的基础上进行的重新梳理和确认,这是
一个文化整合的过程。西港工商学院必须坚持文化自信,维护
文化主权。要坚持职业教育文化自信,对自我文化价值充满笃
信和深情。要善于讲好"中国故事"、传播"中国智慧",促进中
国文化在柬埔寨的本土化落地;同时要牢固掌握文化互鉴过程
中的文化话语权和主动权。

3. 坚持正确义利观,营造良好人文交流平台

西港工商学院必须坚持正确义利观。在境外办学实践中,
坚持以维护国家核心利益和中华民族尊严为根本遵循,在文明
互鉴的视域下坚持文化自信,这是开展文化互鉴的核心立场。
同时,要善于把握彼此利益共同点、善于营造和谐友好的国际关
系,增进西港特区企业人员和当地民众的认可度和归属感,要为

柬埔寨人民的民生福祉提供力所能及的帮助,要大力弘扬中柬友谊,挖掘柬方优秀文化。

(三)构建"技能共享＋文化互鉴"境外办学模式的具体操作指导

西港工商学院是我国职业教育境外办学的典范,距今已有近10年在柬境外办学经验,所以不再对办学前期准备阶段加以赘述。这里将重点研究两个方面的操作方案,一是实现"技能共享"的方案,二是实现"文化互鉴"的方案。

1. 实现"技能共享"的方案

实现"技能共享"的前提是要明确共享的是谁的技能这一问题。中国高职院校开展境外办学实现"技能共享"的过程就是中国职业教育的教学标准、教学方法、教学设备与教学资源的国际化过程,是职业教育的中国标准、中国模式、中国装备、中国方案整体输出的国际化过程。

(1)构建世界水平的国际化教学标准

目前,西港工商学院开展了物流管理、企业管理、信息技术、酒店管理、市场营销、电子商务、旅游管理、应用电子技术、汉语言文学、物联网应用技术、会计金融以及农林水利等12个专业。这12个专业中,一方面是新建和在建的专业,要主动对标教育部提出的关于职业教育国际化专业教学标准开发试点工作的要求实现课程体系和专业人才标准与国际先进标准的对接;另一方面是已建成的专业,要对照《高等职业教育国际化专业教学标准开发与实践》提出的国际化专业标准进行改革和优化。

天津市承接了教育部《高等职业教育国际化专业教学标准开发与实践》的任务,为全国职业院校开发了 50 个国际化专业教学标准,具有一定的权威性和示范性。这些国际化专业标准紧贴企业实际需求,注重将国际先进标准与本土专业内容相融合,注重国际化要素的深度融合,代表了中国职业教育的一流水平,可以作为西港工商学院专业建设的标准依据。

(2)构建职业特征显著的实践教学模式

宏观上讲,西港工商学院开设的专业都能够紧密对接当地经济社会发展需求,符合当地人才培养需要。打造实践型教学模式是专业实现内涵式发展的关键,是培养应用型、创新型、复合型技术技能人才的前提条件。作为校企合作的典范之作,西港工商学院将产教融合、校企合作的办学理念融入了日常教学、实践环节、考核评价等人才培养的全过程。

在专业建设层面,要分析和明确现有专业培养目标,将核心技术与核心课程设置紧密联系在一起,要在专业课程教学过程中,充分借助中国装备、中国技术营造软硬件相结合的真实的实习实训环境。

在课程设计方面,应以国际职业教育理论为教学理念进行通盘设计,注重引导学生在工作情景中不断构建知识体系、掌握职业技能。教学过程应强调以项目实践为核心,项目从简单到复杂、从单一到综合,通过学习和掌握相应的中国职业技术标准,在解决项目中发现问题、分析问题、解决问题,在实践中谋求创新发展。

(3)妥善处理好国际化与本土化的关系

无锡商院有8年在当地开展境外办学的经验,在办学定位、运行机制和总体规划方面做了大量尝试,取得了显著成效。无锡商院要敢于自我革新、克服自身发展阻力,不断开阔视野引进国际先进职教理念,还要善于发掘柬埔寨当地的优秀职教理念。处理好国际化与本土化的关键是在教育教学资源建设和教工队伍建设方面下真功夫。

在教学资源建设方面,西港工商学院要下大力气解决好专业核心课程教学资源的本土化,比如教材要以中文和柬文双语编写,辐射东盟的品牌课程要在中文、柬文基础上,预制泰文、马来语、越南语等多语种教材版本。教学过程中要注意培养学生的跨文化交际能力,要将中文学习与职业技术学习紧密结合起来,要将职业素质培养与中国职业教育文化培养结合起来,要通过跨文化比较的教学形式让学生不仅了解中国技术更要认同中国文化,要培养兼具职业技术技能和跨文化交际能力的高素质复合型国际化人才。

在教工队伍建设方面,一是要实现师资队伍的国际化与本土化,要优先招募熟悉中国职教理念、懂汉语、有来华经历的外籍教师,同时选派外语能力强、专业水平高、跨文化适应力好的中国教师;二是要加强管理队伍的国际化与本土化,强化中方管理者的国际化视野,要求具备高超的中国文化传播水平,具有应对跨文化冲突能力。

2. 实现"文化互鉴"的方案

(1)找准文化互鉴切入点

第一,找准中柬文化认同的切入点——"儒家思想"。受地缘影响,包括柬埔寨在内的东南亚国家多年来一直受中国传统儒家思想影响。柬埔寨人认为儒家思想是一套完美的人际关系伦理系统。儒家伦理思想的中心在于一个人必须要具有高尚的道德和伦理并忠于他人。要求对待他人必须忠、信,由此使得儒家思想具有深刻的教育含义。一是忠诚。强调忠诚是儒家思想的核心,也是中华美德的价值体现。忠诚强调的是下级对上级、个人对组织的忠诚,但是绝非盲目的忠诚,而是相互真诚、充满情义的彼此成就。在境外办学实践中要在办学中植入企业管理理念,从培训职业素养抓起,培养学生对学校的忠诚就是在培养未来的技能人员对企业的忠诚。评价一个合格的境外办学管理者的优劣要看其能否得到中柬师生的信任,是否善于营造良好的合作关系。二是诚信。儒家思想中,诚信是一个非常重要的概念。职业教育为企业培育人才,最为强调诚信。因此如果坚持诚信办学,彼此坦诚相待,会加强中柬合作者的信任程度,对彼此认可的合作协议不会轻易推翻。

第二,找准中柬职业教育文化认同的切入点——"工匠精神"。职业教育文化源自于职业文化。各国职业教育培养的是具备"职业精神"的职业人,"职业精神"的高级形式是"工匠精神"。近代柬埔寨饱受战乱,基础设施极其落后,急切地需要大批能工巧匠建设自己的国家。柬埔寨人对中国经济社会的发展非常羡慕,他们具有强烈地向中国学习技术技能的愿望。在境外办学实践中,西港工商学院要将诸如"敬业爱岗""精益求精""创新精神""持之以恒"的工匠精神内涵与西港特区企业、中资企业在柬埔寨当地投资领域如纺织、制衣、建筑、能源、矿业、旅游、餐饮等岗位对职业精神和职业素质的培养要求密切结合,坚持以就业为导向调动学生的学习积极性,以中柬双方产生共鸣的职业教育文化认同切入点,形成西港人感同身受又体现"中国智慧"的境外办学独有的"工匠精神"。

（2）营造"求同存异"的育人环境，有机融入文化认同切入点

"求同存异"是实现文化互鉴的前提，"求同"是在"存异"的基础上开展的。中柬都有灿烂悠久的历史文化，彼此之间正视并尊重文化差异是营造开放包容的文化互鉴环境的基础。只有这样才能推动文化互鉴的顺利进行。在营造育人环境的同时，要有机融入文化认同的切入点。这里有两个方面的工作值得思考。

第一，将"儒家思想""工匠精神"融入教学体系。要以就业为导向，引导学生在学习技术技能的同时自觉接受职业教育文化的学习，要将职业教育文化纳入师资培养和专业课建设之中、要融入教学资源的开发和校本教材的建设之中，要让学生自觉认同"儒家思想"关于"忠"和"信"的思想，将文化育人与学生成长成才结合起来。

第二，树立"匠心"榜样。在教学过程中，要从西港特区企业和中资企业引入行业专家，特别是中企在柬埔寨当地的优秀雇员进校园现身说法，为那些行业名师建立西港工商学院"匠心"工作室，增强学生对"匠心"榜样的认识和认同。

（3）加强中柬人文交流，注重文化适应性培养

一旦确定了文化互鉴的办学模式，西港工商学院应及时进

行文化方面的沟通和不同层次的人员交流,同时对中柬师资开展跨文化适应性训练,促进来自不同文化背景的员工之间的沟通和理解,以及对对方国家文化背景下教职员工的适应和理解。只有以沟通、适应和理解为基础,才可以进行初步文化适应。实现彼此文化适应,应从改变学校管理层的文化认知开始,并开展基层教职员工的文化适应性培训。最重要的是,在进行初步文化互鉴时,需要一个宽松包容的文化育人环境,只有这样,才能使中柬双方教师和学生放下芥蒂,进行直接的交流沟通,形成对彼此的理解,从而真正适应并接受双方文化,达成文化互鉴的目的。

(4)以来华留学奖学金为引领,塑造"匠心"精神

西港工商学院要支持鼓励优秀柬埔寨学生来中国留学,通过设立"匠心"奖学金的形式,资助西港工商学院柬埔寨学生到无锡商业职业技术学院留学,同时资助无锡商业职业技术学院的优秀中国学生到西港工商学院开展中国文化传播和中国技能的实践展示活动。通过交流增进互鉴,营造亲华、友华氛围。

(5)建立共享合作机制、文化冲突沟通机制

第一,建立共享合作机制。高职院校境外办学者要搭建合作交流平台,要利用中国－东盟中心、澜湄合作等合作机制搭建起同一地区的境外办学者的资源共享平台,促进与"一带一路"

沿线国家的教育合作和文化互鉴。

第二,建立文化冲突沟通机制。处理文化冲突最有效解决办法就是加强沟通,西港工商学院要建立并不断强化与柬有关方面的多方沟通机制,要保障中柬管理层交流畅通、决策及时。为此,西港工商学院管理层要制定切实可行的文化冲突应急处理预案,安排专人专岗做好文化冲突管理工作。

四、结束语

当今世界,瞬息万变。构建人类命运共同体是中国向人类文明未来发展提供的中国方案和中国智慧。以人类命运共同体为视角研究构建我国高职院校境外办学模式就是在增进交流中实现技术技能的互教互学,在互尊互美中实现文化认同,有助于提升我国职业教育国际影响力,推动我国职业教育国际化发展。这不仅有利于中国职业教育得到世界认同,有利于加强文化自信,有利于传播中华民族传统文化,而且也有利于我们以更加广阔的视角、更加宽广的胸怀同各国开展交流,从而更好地学习世界一切优秀文明成果。

参考文献

1. 教育部.《教育部等八部门关于加快和扩大新时代教育对外开放的意见》.［EB/OL］.（2020 – 06 – 18）. http://www. moe. gov. cn/jyb＿xwfb/gzdt＿gzdt/s5987/202006/t20200617＿466544. html

2. 教职成提案〔2020〕100 号. 关于政协十三届全国委员会第三次会议第 4902 号（教育类 450 号）提案答复的函.［EB/OL］

3. 瑞林. 破除体制机制障碍激发教育活力——党的十八届三中全会以来教育领域综合改革成就述评之五［N］. 中国教育报，2020 – 11 – 19.

4. 教育部. 财政部关于实施中国特色高水平高职学校和专业建设计划的意见，2019 – 4 – 2.

5. 中国高等教育学会. 高等学校境外办学指南（试行）（2019 年版）,2019.

6. 中国一带一路网,［EB/OL］.（2019 - 02 - 18）. https://www. yidaiyilu. gov. cn/jcsj/dsjkydyl/79860. htm

7. 吕景泉. 鲁班工坊核心要义——中国职业教育的国际品牌［M］. 天津:天津人民出版社,2019.

8. 陈欣然. 天津职业院校在 8 国建立"鲁班工坊"培养学生 4000 余人次［N］. 中国教育报,2019 - 05 - 11.

9. 北京大学. 北京大学"五通指数"课题组发布的 2018"一带一路"沿线国家"五通指数"报告［R/OL］.（2018 - 09 - 15）. http://ocean. pku. edu. cn/info/1165/3077. htm.

10. 国家信息中心.《"一带一路"沿线国家信息化发展水平评估报告》.［EB/OL］.（2018 - 04 - 18）. http://www. sic. gov. cn/news/614/9726. htm

11. 陈仕榜. 现代学徒制下职业技能与职业精神融合培养实践研究——以高职外贸专业为例［J］. 中国市场,2020(32).

12. 刁翔正. "一带一路"尝一下高等职业教育国际化实践探索——以江苏经贸职业技术学院为例［J］. 江苏经贸职业技术学院学报,2020(05).

13. 范鹏,李新潮. 文明互鉴论的中国文化立场［J］. 甘肃社会科学,2020(03).

14.胡俊,李春红.后疫情时代高职教育国际化发展的路径选择[J].深圳职业技术学院学报,2020(04).

15.李健.基于"双高计划"的我国高职院校教育国际化问题与对策[J].天津中德应用技术大学学报,2020(04).

16.刘扬,阴悦.大学教师的国际能力评价指标体系及量表检验[J].高教探索,2020(05).

17.王雪双."一带一路"倡议下我国境外办学的模式和路径探析[J].世界教育信息,2020(01).

18.徐云鹏,温建伦.交流互鉴,中国传统文化魅力永恒——谈新时代下的文化自信[J].新闻文化建设,2020(02).

19.谢健.英国大学海外分校办学的风险规避机制研究及启示[J].高校教育管理,2019,13(05).

20.曾晓洁.印度高校海外分校的发展动因及区域布局研究[J].比较教育研究,2019,41(02).

21.郭强."一带一路"倡议下我国高校境外办学路径研究[J].教育评论,2019(03).

22.韩刚,刘建国.新时代我国职业教育"走出去"研究——基于构建人类命运共同体视角[J].学理论,2019(07).

23.刘力伟.以人类命运共同体角度看我国职业教育国际交

流合作的价值选择[J].广州广播电视大学学报,2019(01).

24.刘志强.彰显文化自信和促进文明互鉴的课堂应对——陕西高校在"一带一路"建设中作用的思考[J].科技视界,2019(36).

25.缪雄平,赖德富,沈俊慧,苏国新.构建"一带一路"高职教育共同体研究[J].宁德师范学院学报,2019(04).

26.王聪延.历史上中华文化与世界其他文化的交流与互鉴[J].文化,2019(06).

27.王馥."一带一路"背景下职业教育鲁班工坊海外办学模式探究——以海外孔子学院发展模式为借鉴[J].高等职业教育(天津职业大学学报),2019,28(04).

28.谢健.英国大学海外分校办学的风险规避机制研究及启示[J].高校教育管理,2019,13(05).

29.徐丽曼.文明交流互鉴视域下中华文化认同初探[J].广西民族研究,2019(04).

30.杨慧,王纪波.交流互鉴与创新发展:中外文化交流历史脉络研究述评[J].昆明理工大学学报,2019(04).

31.杨锦文,刘夏君."一带一路"背景下人类命运共同体与语言共同体的发展对接[J].太原城市职业技术学院学报,2019(02).

32.张秀荣.命运共同体下的职业教育人才培养模式研究[J].教育现代化,2019(55).

33.柳玖玲,"一带一路"背景下我国高等职业院校境外办学实践研究[D].浙江工业大学,2019.

34.姜泓冰.高校境外办学研讨会举行[N].人民日报,2018-07-04(12).

35.曹丽萍."一带一路"背景下中柬职业教育共同体的建设[J].当代职业教育,2018(05).

36.常锐."一带一路"是打造人类命运共同体的宏伟构想[J].吉林师范大学学报,2018(03).

37.高文杰.构建人类命运共同体理念:引领我国职业教育国际化的航标[J].职业技术教育,2018(33).

38.蓝洁,徐婧文."一带一路"背景下边境旅游职业教育资源的现状与整合路径[J].当代职业教育,2018(05).

39.李富."一带一路"倡议下中国职业教育海外办学的战略架构[J].教育与职业,2018(19).

40.梁学玲.国际化办学路径研究——上海交通大学安泰经管学院国际化办学实践[J].上海管理科学,2018

41.刘通."人类命运共同体"视域下的高职院校建设[J].传播力研究,2018(26).

42. 苏文萱. 以"人类命运共同体"思想引领高职教育走出去[J]. 天津职业院校联合学报,2018(10).

43. 唐锡海,袁倩. 本土化视域下的中国职业教育"走出去"[J]. 当代职业教育,2018(05).

44. 滕金燕,陈沛酉. 鲁班工坊——职业教育国际化的"天津模式"[J]. 江苏教育,2018(92).

45. 王忠昌."一带一路"建设中职业教育校企协同创新研究[J]. 当代职业教育,2018(05).

46. 杨丽梅,贺春花,代浩廷."一带一路"背景下中国文化自信海外建立研究——以沿线孔子学院发展为视角[J]. 中共四川省党委校学报,2018(04).

47. 张成涛,张秋凤. 中国—东盟职业教育合作:可为、难为与应为[J]. 当代职业教育,2018(05).

48. 付倩. 基于"一带一路"战略的职业教育多边合作发展研究[D]. 宁波大学,2018.

49. 姜维."一带一路"背景下我国职业教育国际化发展研究[D]. 湖北工业大学,2018.

50. 骆洪福. 澳大利亚大学海外分校人才培养模式研究[D]. 兰州大学,2018.

51. 管永前. 在文明互鉴中树立文化自信[J]. 前线,2017

（01）.

52. 贾文山. 在交流互鉴中扩大文化"朋友圈"［J］. 人民论坛,2017

53. 李传彬."一带一路"背景下高职院校海外办学成效、困难与对策——以无锡商业职业技术学院柬埔寨办学为例［J］.中国职业技术教育,2017（18）.

54. 李辉."一带一路"沿线国家孔子学院跨文化传播研究［D］.辽宁师范大学,2017.

55. 张瑞芳. 全球海外分校的内涵、历史发展及其影响研究［J］.世界教育信息,2017（21）.

56. 赵鹏飞,曾仙乐,黄河,陈光荣."一带一路"背景下职业教育校企协同海外办学模式探索［J］.中国职业技术教育,2017（18）.

57. 郑刚,刘金生."一带一路"战略中教育交流与合作的困境及对策［J］.比较教育研究,2016（2）.

58. 任峰. 高等教育国际化背景下中外合作办学政策实施研究［D］.河南大学,2016.

59. 赵丽. 澳大利亚发展海外分校的实践与经验［J］.全球教育展望,2014（08）.

60. 吴艳云. 海外分校:跨国高等教育发展的新模式探析

[J].广东外语外贸大学学报,2013,24(04).

61.谭瑜.高校中外合作办学项目学生跨文化适应研究[D].中央民族大学,2013.

62.职芳芳.澳大利亚高等职业教育国际化办学模式研究[D].河南大学,2013.

63.李英英.美国、澳大利亚、德国高等职业教育的启示[D].华中农业大学,2011.

64. How Vocational Schools Boost Skills for Belt and Road Partners [J]. Current Digest of the Chinese Press, 2019, 8 (18).

65. Liu. China's Cultural Diplomacy: A Great Leap Outward with Chinese Characteristics? Multiple Comparative Case Studies of the Confucius Institutes [J]. Journal of Contemporary China, 2019, 28(118).

后 记

习近平总书记指出:世界各国人民应该秉持"天下一家"理念,张开怀抱,彼此理解,求同存异,共同为构建人类命运共同体而努力。人类命运共同体旨在追求本国利益时兼顾他国合理关切,在谋求本国发展中促进各国共同发展。在人类命运共同体的视域下,我国高职院校应坚持"技能共享和文化互鉴"的原则,胸怀大局,从全人类的利益出发,坚持共同发展的理念,努力构建造福世界的高职院校境外办学模式。构建"技能共享+文化互鉴"办学模式的核心要义是"共享职业技能,助力学生就业,融合优秀文化,传承职业精神"。本书是全国教育科学规划教育部重点课题《人类命运共同体视域下我国高等职业院校"技能共享+文化互鉴"境外办学模式研究》的最终研究成果,凝聚了本人长期从事职业教育国际化办学工作的思考。

本书出版在即,课题研究也将告一段落。回首过往,感慨万千。我要感恩生命中难得的经历,也要感谢给予过我无私帮助的人们！我要向全国教育科学规划领导小组、天津市教育科学规划领导小组的领导和专家致以谢意！我要感谢杜修平教授、齐欣教授、温秀颖教授、申奕教授、蔡南珊教授、杨延研究员等专家学者给予课题研究的无私指导，还要感谢各位接受过访谈的境内外领导、专家和师生，诸位的评价和建议对课题组找准研究方向帮助很大。

我要感谢天津商务职业学院各位校领导，您们的关爱、鼓励和指导是我不断前进的动力！感谢学院科研处和相关部门为课题研究提供的支持和保障！感谢本课题组全体成员，诸君严谨治学、潜精研思，与君合作如沐春风。

我要特别感谢天津体育学院金宗强教授，您胸怀豁达、学识渊博，您教我学会了在钻坚研微中磨砺心性、体味乐趣。宝贵的人生经历，感谢有您！感谢天津社会科学院出版社韩鹏先生，您对于本书出版给予了巨大支持！感谢张小刚先生，您的指导对我帮助很大！

最后，我要特别感谢我的父母、我的爱人和我亲爱的孩子们，谢谢你们给予我的支持和爱！

作　者

2021 年 8 月